감정노동에서 나를 지키는 방법

내 감정도 존중받을 권리가 있다

감정노동에서 나를 지키는 방법

이학은 지음

자기가치 회복과 자존감 향상을 위한 행복CS 특강

전나무숲

책머리에

"완전 날강도구만."

서재에 필요한 책장을 사러 가구점에 들어갔는데, 한쪽에서 시끄러운 소리가 들려왔다.

"소파에 흠집이 났으면 당연히 천을 갈아주거나 바꿔줘야 하는 거 아냐? 이 사람들 혼줄이 나봐야 정신 차리겠네."

"……."

50대 후반쯤 돼 보이는 남자 앞에서 남자직원이 난감한 표정으로 서 있었다. '서비스가 별로 좋지 않은 곳'이라는 생각에 나가려는데 등 뒤로 남자직원의 목소리가 들려왔다.

"고객님, 쓰신 지 2년이 다 된 소파를 무상으로 수선해달라니요."

"이 사람이 그래도? 서비스 몰라? 서비스! 사장 나오라고 해!"

감정노동에 관한 책을 쓴다고 하니 지인 한 분이 자신이 본 사례를 얘기해주더군요. "고객이 완전 날강도 같더라"면서요.

　최근에는 감정노동이라는 말보다 '갑질'이라는 말이 더 자주 들립니다. 감정노동은 주로 서비스 직종에 근무하는 감정노동자들만의 일이고, 갑질은 누구나 겪는 일이라는 인식이 있기 때문일 것입니다. 그러나 당하는 사람의 감정이 존중받지 못한다는 면에서 감정노동과 갑질은 그 뿌리가 같다고 볼 수 있지요. 갑질에 대해 잠깐 살펴보겠습니다.

　원래 갑질의 '갑(甲)'은 회사나 개인이 거래를 할 때 작성하는 계약서에 쓰이는 단어였습니다. 원래 '갑을 관계'로 쓰이던 말인데요. 계약의 주체를 '갑'이라 하고, 객체를 '을'이라고 표현합니다. 그런데 모든 계약 관계에는 상대적으로 우위에 있는 사람이 있기 마련이지요. 그게 갑입니다. '질(疾)'은 어떤 행동을 하는 모습을 표현하는 단어입니다. 도둑질, 손가락질, 주먹질과 같은 표현에서 그 사용의 예를 볼 수 있습니다. 어떤 행동을 낮추어 부르는 것임에는 틀림없습니다. 종합하면 상대적

우위를 표현하는 갑에, 행동을 의미하는 질이라는 단어가 붙어서 갑질이라는 단어가 생긴 것이라는 뜻입니다. 따라서 갑질은 '상대적으로 권력 우위에 있는 사람이 약자를 대하는 행위' 정도로 해석할 수 있을 것입니다.

이렇게 상대적 우위에 있는 갑이 엄청난 힘을 행사하면서 최근에는 '수퍼 갑', 혹은 '울트라 수퍼 갑'이라는 표현도 쓰이고 있는데요. 저는 도대체 갑이 무엇인지 궁금해졌습니다. 그래서 한자로 갑을 사전에서 찾아보았습니다.

한자로 갑은 甲이라고 씁니다. 상형문자인 갑의 의미는 밭 혹은 땅 속에 뿌려진 씨앗을 의미한다고 합니다. 씨앗은 작고 유약한 것입니다. 그런데 어떻게 이 씨앗이 갑이 된 걸까요? 씨앗에는 놀라운 힘이 있기 때문이겠지요. 겨우내 딱딱하게 얼어붙은 동토의 땅을 뚫고 나오는 모습을 연상하신다면 씨앗이 갖고 있는 놀라운 힘을 느끼실 수 있을 겁니다. 실제 甲이라는 한자는 갑옷, 껍질, 손톱과 같은 의미로 사용됩니다. 뭔가 튼튼하고, 딱딱하고, 뾰족한 느낌을 받으실 수 있을 겁니다. 이런 뾰족한 갑이 을의 약한 마음을 찌르게 되면 당연히 을의 마음은 상처를 입게 되어 있습니다.

저는 갑이라는 한자를 좀더 자세히 들여다보았습니다. 그랬더니 놀랍게도 '왕(王)'이 숨겨져 있다는 사실을 발견했습니다. 田의 부분을 잘

살피시면 王을 발견하실 수 있을 겁니다. 그것도 좌우로 두 개나 말이지요. 우리가 흔히 '고객은 왕이다'라는 표현을 씁니다. 결국 '고객은 갑이다'와 '고객은 왕이다'라는 표현은 같은 의미라는 사실을 발견하는 순간이었습니다. 이 경우의 갑은 폭군이나 사악한 독재자를 연상하게 되는데요. 이런 무서운 갑이 망치가 되어(한자 甲을 다른 각도로 보면 망치처럼 생겼다는 사실도 발견할 수 있을 겁니다) 을을 치게 되면 을은 속수무책으로 당할 수밖에 없습니다. 갑의 망치질에 맞아 쓰러진 모습의 을을 보며 저는 乙이라는 한자를 발견할 수 있었습니다(한자 乙을 쓰러진 사람의 모습으로 연상해보십시오).

문제는 갑질에 의해 상처를 받은 을에게 생기는 결과가 매우 심각하다는 것인데요. 감정노동이나 갑질을 경험해보신 분이라면 누구나 공감하실 수 있을 겁니다. 먼저, 대인기피 현상입니다. 사람이 무서워져서 생기는 현상입니다. 두 번째는 우울증입니다. 자신이 쓸모 없는 존재라고 느끼는 자괴감에서 생기는 무서운 질병이지요. 세 번째는 이런 현상들이 쌓이면서 생기는 자살의 충동입니다. 우리가 갑질, 감정노동을 적극적으로 대처하지 않으면 안 되는 이유가 여기에 있습니다.

사실 갑질의 사례는 무궁무진하게 많습니다. 일상생활에서 누구나 겪는 문제이기 때문입니다. 방송 뉴스에서는 하루가 멀다 하고 갑질에 대한 기사가 보도되고 있습니다. 심지어 뉴욕타임즈에서는 우리나라의 갑질이라는 단어를 영어 GAPJIL이라는 표현으로 특집보도를 하기도 했다는군요. 이뿐만이 아닙니다. 신문에서도 연일 갑질에 대한 기사를 만날 수 있습니다. 오죽하면 어느 신문에서는 우리나라를 '갑질 공화국'이라고까지 표현했을까요?

2018년 5월 1일 근로자의 날을 기념하여 시민단체 '직장갑질119'에서는 직장인들이 회사에서 겪는 갑질 70여 가지를 발표했습니다. 그중 '톱 10'이 언론에 보도되어 충격을 주었습니다. 보도된 갑질에는 이런 것들이 있었습니다. 생리휴가를 쓰겠다는 여직원에게 생리대를 보여달라고 이야기한 '생리대 갑질', 노래방에서 몸을 껴안고 춤을 추다가 여직원의 몸을 더듬는 상사에게 불쾌감을 표시하자 '나를 아빠라고 생각하고 안아보라'고 이야기한 '아빠 갑질', 직원은 오너 상사의 식탁에서 턱받이가 되어야 한다고 말한 '턱받이 갑질', 직원들에게 집 청소나 허드렛일까지 전가시킨 '집 청소 갑질' 등이 그것입니다.

저는 강의할 때마다 보여주는 사진이 한 장 있습니다. 유니폼을 입은 직장인들이 사람들이 지나다니는 대로에서 무릎을 땅에 댄 채 기어가는 사진입니다. 다행히 우리나라는 아니고 중국에서 있었던 일이었다고 하는데요. 알고 보니 회사의 대표가 매출 목표를 달성하지 못한 직원들을 건물 밖으로 끌어내어 많은 사람들 앞에서 기어가게 한 것이었습니다.

직장인이라면 모습만 조금 다를 뿐이지, 아마도 이런 수치스러운 일을 겪어보셨을 겁니다.

사례가 더 많이 있지만 이 정도로 마치겠습니다. 사례만 적어도 책 한 권이 나올 수 있기 때문입니다. 앞에서 살핀 많은 사례는 '정말 그런 일이 있겠어?'라는 의심을 들게 하는데요. 하지만 이런 일들은 거의 매일, 매시간, 지금 이 순간에도 일어나고 있습니다.

저는 강의장에서 간혹 이런 말을 합니다.

"여러분, 혹시 지금 저에게 갑질을 당하고 있는 것 아시나요?"

청중들은 저의 이런 말에 살짝 놀라는 표정을 짓습니다. 강의시간에는 누가 갑일까요? 당연히 강사지요. 강의를 듣는 사람은 자신의 생각과 달라도 강사가 이야기하는 것에 수긍하고 긍정하는 태도를 가질 수밖에 없습니다. 어떤 의미에서 심리적인 갑질을 당하고 있는 건데요. 여러분은 어떻게 생각하십니까? 여러분이 어느 강의장에서 유명 강사의 강의를 듣고 있다고 생각해보시죠. 여러분은 그때 강의를 들으며 갑질을 당한다는 생각을 하지는 않으실 겁니다. 대부분 즐거움이나 교훈을 얻을 수 있는 시간이라는 생각을 하실 텐데요. 같은 갑질인데도 받아들이는 사람의 마음에 따라 갑질이 강의가 될 수 있다는 말씀을 드리고 있는 겁니다. 즉 갑질 혹은 감정노동을 받아들이는 각자의 마음의 자세가 중요하다는 뜻입니다.

작년에 개봉한 영화 〈남한산성〉의 첫 장면이 굉장히 인상적이었습니다. 어떤 사람의 발 앞에 수십, 아니 수백 발의 화살이 날아와 떨어집니다. 다행히 화살이 발 밑으로 날아와서 그렇지 몸으로 날아왔다면 그 사람은 화살에 맞아 쓰러졌을 것입니다. 그는 아무런 방패도 없이 서 있었기 때문입니다. 당연한 말이지만 화살이 날아오면 바위 뒤에 숨거나 방패로 몸을 막아야 살아남을 수 있습니다. 매일 우리에게는 갑질과 감정노동이라는 화살이 날아듭니다. 한 발도 아니고 수십, 수백 발의 화살입니다. 이런 화살에서 나를 지키기 위해서는 자신만의 방패가 필요합니다. 저는 여러분께 이 책을 통해 몇 개의 방패를 소개하려 합니다. 모양도 조금씩 다르고, 강도도 다릅니다. 물론 모두 다 자신의 방패로 만들 수 있다면 좋겠지만, 안 되면 하나라도 나의 소중한 마음 앞에 세워두실 수 있기를 바랍니다. 언제 어느 때 어디에서 날아올지 모르는 갑질과 감정노동의 화살로부터 나를 보호하고 나를 지키는 방법이기 때문입니다.

책이 나오기까지는 많은 분들의 도움이 있었습니다. 먼저, 현장에서 근무하며 자신의 감정노동의 경험을 이야기해주신 모든 분께 감사드립니다. 수정할 곳 투성이의 글을 힘든 내색 없이 책으로 엮어주신 전나무숲 직원들과 부족한 원고를 채택해주신 강효림 대표님께도 감사의 말씀을 드립니다. 기쁨의집 김정분 부장님의 가르침이 큰 힘이 되었습니다.

첫 독자로서의 수고를 아끼지 않은 아내 이정복, 아들 환, 딸 하경에게 사랑의 마음을 전합니다. 기도해주신 부모님, 형님을 비롯한 가족 모두에게 진심으로 감사드리며, 모든 영광을 주님께 돌립니다. 감사합니다.

청안재(靑安齋)에서
이학은

차 례

책머리에 04

프롤로그 _ 고객은 항상 옳다? 16
    고집 센 사람, 똑똑한 사람 23
    나를 찾아가는 이야기 27

1장 나를 향하는 서비스

고객 지향 서비스 30
    직원이 있어야 고객도 있습니다 33
    어렵지 않은, 그래서 쉽지 않은 '나를 향하는 서비스' 37

2장 '나를 향하는 서비스'의 세 가지 전제조건

전제조건 01 _ 말에는 힘이 있습니다 42
    실험으로 증명된 말의 힘 43

말의 힘을 활용해 얻은 값진 성과　　48
　　　말은 사람을 절망에 빠뜨리게도 한다　　51

절세미인의 첫걸음, 말의 힘　　54
　　　건강을 좀먹는 말　　56
　　　말의 힘 운동법　　62

서비스 현장에서의 말의 힘　　69
　　　인사는 나를 향해　　70
　　　스트레스를 줄여주는 말의 힘　　72

● Happy Sheet 1　　82

전제조건 02 _ **아름답게 마음쓰기**　　84

세상을 아름답게 하는 방법　　85
　　　1분의 미학　　86
　　　두 개의 컵　　90

인생의 고수가 됩시다　　93
　　　인생의 고수란?　　96
　　　고객은 어린 아기　　101

마음부자가 됩시다　　　107
　　부자의 기준　　108
　　마음의 부자　　110
　　마음의 곳간　　114
　　백만 불짜리 미소　　119
　　마음부자의 고객 응대법　　122

베풀며 삽시다　　126
　　마음부자의 노블리스 오블리주　　126
　　밝은 미래와 어두운 미래　　129
　　마음부자의 주인의식　　133

● Happy Sheet 2　　138

전제조건 03 _ 나를 사랑하기　　140

나를 중심으로 돌아가는 세상?　　141

어려움을 이겨내는 힘, 꿈　　145
　　나도 꿈을 이룰 수 있다　　145
　　나를 사랑하려면 나에게 꿈부터 선물하세요　　151

구겨지고 밟혀도　　155
　　구겨진 10만 원짜리 수표　　160

마음의 병을 만드는 마음의 착시　　165

마음속 비염 탈출　　170
　　마음속 비염 1 _ 비교의식　　172
　　마음속 비염 2 _ 염려　　180

당신은 사랑받기 위해 태어난 사람　　184
　●Happy Sheet 3　　188
　●Happy Sheet 4　　190

'나를 향하는 서비스'의 열매, 친절

감정노동의 실태　　194
자기방어기제　　200
어떤 상황에서도 나는 소중한 존재　　205
내가 친절한 사람이 되어야 하는 이유　　212
친절의 가격　　221
　　맞춤 서비스　　225
　●Happy Sheet 5　　242

에필로그 _ 진정한 진보의 시작, '나를 향하는 서비스'　　244
참고문헌　　250

프롤로그

고객은 항상 옳다?

스마일마스크증후군(Smile Mask Syndrome; Masked Depression)이라는 신조어가 있습니다. 일본 쇼인여대(樟蔭女大)의 마코토 나츠메 교수가 처음 사용한 심리학적 의학 용어로, '언제나' 미소를 지으려 하다가 생기는 증후군을 가리킵니다. 그는 "서비스 직종에 근무하는 여성들의 경우 고용의 지속과 연관이 있다고 생각해 언제나 미소를 지으려 한다"고 말합니다. 여기서 '언제나'라는 단어에 주목하면 그 미소가 마음의 상태와는 전혀 상관이 없다는 뜻이 됩니다. 그래서 스마일마스크증후군을 다른 말로 '숨겨진 우울증', '가면성 우울증'이라고도 부릅니다. 우리나라의 정서에 맞는 표현으로는 '화병'이 있는데요. 이 증상은 마음이 슬프고 우울하지만 겉으로는 웃어야 하는 직종에서 많이 발생한다고 합니다.

스마일마스크증후군을 대수롭지 않게 여겨선 안 됩니다. 스마일마스크증후군에 빠지면 매사 재미와 의욕이 떨어지고 심한 우울증을 겪을 수 있습니다. 전문가들은, 이와 같은 상황이 지속되면 자살과 같은 극단적인 선택까지 하는 위험을 초래할 수 있으니 적절한 대처가 반드시 필요하다고 말합니다. 스마일마스크증후군은 서비스 업계에서 '감정노동(Emotional Labor)'이라고 표현됩니다.

감정노동은 고객으로 대표되는 타인의 감정을 위해 자신의 감정을 억누르고 통제하는 것을 수반하는 업무를 말합니다. 감정노동이 자신의 직무에서 40% 이상 차지하는 근로자를 감정노동자라고 부르는데요. 스마일마스크증후군이나 감정노동은 자신의 감정이나 기분보다 타인의 감정을 우선으로 고려해야 한다는 측면에서 일맥상통한다고 볼 수 있습니다.

안전보건공단에서는 우리나라 전체 취업자 2500만 명 중 약 552만

명 정도를 감정노동자로 추정하고 있습니다.[1]* 5명 중 1명꼴로 감정노동에 종사하고 있다는 뜻입니다(이에 대해서는 본문에서 좀 더 자세하게 살펴보도록 하겠습니다). 감정노동자의 수가 이렇게 늘어난 이유는 무엇일까요?

첨단 과학기술의 발달로 제품의 품질과 가격은 어느 기업이나 비슷해져가고 있습니다. 결국 서비스의 차이가 기업의 중요한 경쟁력이 될 수밖에 없게 된 것이죠. 시장의 주인이 고객으로 완전히 넘어가면서 이제 고객은 왕의 자리를 넘어 신의 경지까지 옮겨갔습니다. 이러한 상황에서 스마일마스크증후군 혹은 감정노동의 강도는 앞으로 더욱 심해질 것으로 예상됩니다. 그 영향으로 각 회사마다 CS 교육(이하 서비스 교육)이 한층 강화되고 있습니다. 이런 서비스 교육을 통해 직원들이 고객의 입장에서 생각하고 행동할 것을 주입시킵니다. '고객 감동'을 위해서 말입니다.

한때 세계에서 가장 규모가 크고 이윤을 많이 냈던 유제품 슈퍼마켓 스튜레너드사(社)에는 유명한 문구가 새겨져 있습니다.

우리의 방침

규칙 1 _ 고객은 항상 옳다.

규칙 2 _ 만약 고객이 옳지 않다고 생각되면 규칙 1을 다시 읽어라.

---

*본문 내 위첨자번호는 참고문헌(248쪽) 번호를 가리킨다

많은 기업이 서비스 교육에서 이 방침을 인용하면서 '고객의 중요성'을 강조합니다. 직원들에게 '고객을 대할 때는 위 규칙에 따를 것'을 주문하기 위함이지요. 상품을 판매하는 기업이라면 자사의 모든 직원들이 고객에게 감동과 감격을 전해주어 매출로 이어지기를 기대하는 것은 당연한 일입니다. 이것이 서비스정신이 투철한 직원들을 양성해내기 위해 적지 않은 돈을 서비스 교육에 투자하는 이유일 겁니다.

고객에게 영웅적이고 놀랄 만한 서비스를 제공하기로 유명한 미국의 백화점 체인 노드스트롬 역시 직원들에게 이러한 정신을 심어주고자 애를 썼습니다. 노드스트롬에서 직원들에게 강조했던 몇 가지 원칙들을 살펴보면 다음과 같습니다.[2]

- 노드스트롬 형제들은 판매의 기본 원칙인 '고객은 항상 옳다'를 지속적으로 강조했고, 모든 고객 심지어 까다로운 고객에게도 더욱 주의를 기울이는 것이 판매사원에게 얼마나 중요한지를 역설했다.
- 브루스 노드스트롬은 판매사원들에게 말한다. "고객이 5년 동안 신었던 신발을 가지고 와서 신발이 다 닳았다며 환불을 요구한다면 당신은 최선의 판단을 내려 돈을 꺼내어 줄 권리가 있습니다. 솔직히 말하면, 나는 지금 내 돈을 꺼내어 주라고 명령하

고 있습니다."

- "(드레스 한 벌을) 2년 동안 '빌려' 갔다가 반품하겠다는 고객도 있다. 반품은 게임의 일부분에 불과하다는 사실을 깨달아야 한다. 물건을 되돌려 받으면서도 항상 미소를 잃지 말아야 한다. 그러면 그들은 언젠가 다시 찾아올 것이기 때문이다."

교육이나 훈련을 통해 이러한 원칙을 전수받은 노드스트롬의 직원들은 고객에게 어떤 서비스를 제공했을까요? 그들이 '영웅적'이라는 단어까지 써가며 자랑하는 서비스의 사례 두 가지를 소개하겠습니다.[3]

사례 1 》

시애틀의 터코마공항에서 곧 비행기를 타야 하는 고객이 부주의로 노드스트롬의 여성의류 매장 계산대에 비행기표를 두고 갔다. 비행기표를 발견한 판매사원은 곧바로 항공사에 전화를 걸어 그 고객을 찾아서 비행기표를 재발급해줄 수 있는지를 물었다. 돌아온 대답은 '그럴 수 없다'였다. 고객이 매장으로 왔다가 다시 공항으로 가기에는 시간이 부족했다. 결국 그 판매사원은 택시를 잡아타고 공항으로 가서 고객을 찾아 비행기표를 건네주고 다시 매장으로 와 일을 했다. 공항 왕복 비용을 자비로 충당하면서 말이다.

사례 2 〉〉

내 친구는 아내에게 향수를 선물하려고 노드스트롬백화점에 갔다가 독수리형 직원*을 만났다고 한다. 내 친구가 특정 향수를 찾자 카운터에 있던 그 직원이 이렇게 말했다고 한다.

"죄송합니다만 우리 매장에는 그 향수가 없습니다. 그렇지만 다른 매장에서 구해드릴 수는 있습니다. 저희 백화점에 얼마나 더 머무르실 건가요?"

"30분 정도요."

"잘됐네요. 고객님이 백화점에서 볼 일을 다 보시고 나서 나갈 때 가져가실 수 있게 제가 가서 물건을 가져와 포장해두겠습니다."

여직원은 그 말대로 노드스트롬 매장에서 나가 다른 가게에 가서는 친구가 원하는 향수를 사가지고 돌아와 선물 포장까지 해주었다고 한다.

그 직원은 향수값으로 얼마를 받았을 것 같은가? 자신이 사온 가격과 똑같이 받았다. 그 결과 그 직원은 향수를 팔고도 아무런 이득을 남기지 못했지만, 그 대신 열광하는 팬을 얻었다.

그저 놀랍다는 말 외에는 달리 표현할 길이 없습니다. 이런 서비스를

---

*독수리형 직원 : 켄 블랜차드의 《얍, 고객에 미쳐라》에 등장하는 말로, '솔선수범해 군계일학群鷄一鶴이 되고 독수리처럼 날아올라 열광하는 팬을 만들어내는 직원'의 의미.

받고도 감동받지 않을 고객이 있을까요? 영웅적인 노드스트롬의 서비스가 세상에 알려진 계기는 피터 드러커(Peter Drucker)와 함께 현대 경영의 창시자로 알려진 톰 피터스(Tom Peters)에 의해서였습니다. 다음은 톰 피터스가 대중에게 알린 노드스트롬의 서비스 사례입니다.

한 나이든 여자 고객이 자동차 타이어를 노드스트롬백화점에 반품했다. 고객에게 영수증이 없었기 때문에 점원은 제품 가격으로 얼마를 지불했느냐고 물었다. 고객은 직원에게 가격을 이야기했고, 직원은 그 말을 믿고 기꺼이 돈을 환불해주었다. 대부분의 상점들은 이런 일을 좋아하지 않지만 말이다.

이 내용만 보면 그렇게 특별한 이야기는 아닙니다. 정말 특별한 것은 노드스트롬백화점에서는 자동차 타이어를 판매하지 않는다는 사실이지요.[4]

위에서 살펴본 사례들뿐만 아니라 노드스트롬백화점에는 고객의 입장에서 감동할 수밖에 없는 놀랄 만한 서비스 사례들이 넘쳐납니다. 그러나 저는 이런 영웅적인 서비스를 제공'받는' 고객, 즉 감동하고 감격하는 고객의 감정이 아닌 영웅적인 서비스를 '제공한' 혹은 '제공하도록 강요당한' 직원들의 감정을 살펴보려고 합니다.

고집 센 사람, 똑똑한 사람

우선, 노드스트롬백화점에서도 가장 기본적인 원칙으로 강조되었던 '고객은 항상 옳다'라는 규칙을 살펴보겠습니다. 이 규칙은 지극히 고객의 입장에서 만들어진 것입니다. 최고 수준의 서비스를 제공해 경쟁력을 확보하려는 기업에서 이러한 규칙을 직원들에게 교육시키는 것은 당연한 일이라고 말씀드렸습니다. 그러나 이 말을 뒤집어보면 결국 이런 뜻이 됩니다.

'직원은 항상 틀리다.'

그 어떠한 경우라도 직원은 고객의 잘못을 지적하거나 고객과 논쟁해서는 안 된다는 의미로 해석할 수 있습니다. 이유가 무엇이든, 상황이 어떻든 간에 직원은 항상 틀리기 때문입니다. 이미 오래 전부터 고객의 잘못을 지적하거나 논쟁을 통해 고객을 설득하려는 행동은 서비스 세계에서 가장 무식하고 어리석은 행동으로 인식되어왔습니다.

저는 현장에서 직원이 고객과 잘잘못을 따지며 실랑이를 벌이는 경우를 종종 보았습니다. '누구의 잘못이냐?'와 상관없이 결과는 항상 고객이 이깁니다. 자신이 잘못하고도 오리발을 내밀며 직원과 다투던 고객은 해결이 안 된다 싶으면 직급이 더 높은 관리자를 찾습니다. 달려온 관리자는 고객에게 연신 잘못했다고 말합니다. 관리자는 직원을 불러 "고객에게 사과하고 앞으로는 그러지 않겠다"고 약속하도록 지시합니다. 결국 모든 잘못을 떠안은 직원은 눈물을 흘리며 고객에게 고개를 숙여 사과합니다. 서비스 현장에서는 너무 자주 볼 수 있는 상황입니다.

이와 관련해 재미있는 옛날이야기가 있습니다. 제목은 '고집 센 사람, 똑똑한 사람'입니다.

어느 마을에 고집 센 사람과 똑똑한 사람이 살았다. 하루는 둘 사이에 다툼이 일어났다. 4×7의 값을 두고 고집 센 사람은 "27", 똑똑한 사람은 "28"이라 주장하는 게 싸움의 이유였다. 말도 안 되는 싸움이었다. 고집 센 사람의 억지 주장에 화가 나고 답답했던 똑똑한 사람은 고을 원님을 찾아가 시시비비를 가리자고 말했다.

고집 센 사람과 똑똑한 사람의 말을 들은 고을 원님은 기가 막혔다. 원님은 한심스럽다는 표정으로 둘을 바라본 다음 고집 센 사람에게 먼저 물었다.

"네가 4×7은 27이라 말했느냐?"

"네, 당연한 사실을 당연하게 말했는데 글쎄 이놈이 28이라고 우기지 뭡니까?"

고집 센 사람의 이야기를 듣자 원님은 다음과 같이 말했다.

"27이라 답한 놈은 풀어주고, 28이라 답한 놈은 곤장을 열 대 쳐라!"

고집 센 사람이 똑똑한 사람을 놀리며 자리를 떠났고, 똑똑한 사람은 곤장을 맞았다. 똑똑한 사람이 원님께 억울하다고 하소연하자 원님이 이렇게 대답했다.

"4×7은 27이라고 우기는 그런 놈과 싸운 네 놈이 더 어리석은 놈이다. 내 너를 매우 쳐서 지혜를 깨치게 하려 한다."[5]

고객과 판매직원과의 다툼은 많은 경우 고집 센 사람과 똑똑한 사람의 다툼일 가능성이 아주 높습니다. 그런 측면에서 위의 이야기는 서비스 직종에 근무하는 사람이라면 격하게(?) 공감할 만한 이야기입니다.

이런 일이 서비스 현장에서 비일비재한 이유는 무엇일까요? 고객은 왕이기 때문입니다. 아니, 절대군주이기 때문입니다. 앞의 노드스트롬의 사례에서 살펴본 바와 같이 이삼 년이 지난 물건을 가져와 교환 혹은 반품을 요구하는 고객, 판매직원을 마치 하인 다루듯 반말과 폭언을 일삼는 고객, 판매직원이 작은 실수라도 하면 무릎을 꿇리거나 심지어 폭행을 하는 고객… 이들이 절대군주가 아니고 무엇이겠습니까? 위의 이야기에 따르면, 이런 절대군주인 고객과 다툼을 하려는 직원이야말로 매우 어리석다고 할 수밖에 없습니다.

　2013년 10월 17일자 연합뉴스에는 '5년간 승무원 폭행, 폭언 101건… 처벌은 단 1건'이라는 제목의 기사가 보도되었습니다. 5년간 101건이면, 1년 평균 20건 정도가 되고, 이는 한 달이면 2건이 약간 안 되는 정도의 폭언이나 폭행이 승무원들을 대상으로 일어나고 있다는 이야기입니다. 국내의 승무원 수는 대략 1만여 명이라고 합니다. 앞에서 언급했던 전체 감정노동자 552만 명 중 채 0.5%가 되지 않는 숫자입니다. 이렇게 적은 인원이 근무하는 직군(職群)에서조차 한 달에 평균 2건의 폭언 및 폭행 사건이 일어난다면 전국의 수많은 서비스 직종에 근무하는 사람을 대상으로 조사할 경우 하루에도 수십, 수백 건이나 되는 이와 비슷한 사건들이 일어나고 있다는 것을 쉽게 짐작할 수 있습니다. "4×7=27"을 외치는 절대군주에 의해 야기되는 사건들 말입니다.

　이런 상황에서 항상 틀릴 수밖에 없는 직원, 즉 감정노동자인 '나'는 어디에 있을까요? 예전에 어느 유통업체 관리자가 조회시간에 판매직원들을 향해 이렇게 말하는 것을 우연히 들은 적이 있습니다.

　"여러분! 간, 쓸개는 집에다 잘 두고 출근하셨지요?"

　헛웃음이 나왔습니다. 하지만 곰곰이 생각해보니 서비스 직종에서 근무하는 사람들의 현실을 단적으로 표현해주는 말이더군요. 고객 앞에 섰을 때는 철저하게 '나'가 없어져야 한다는 사실을 직원들에게 이보다 더 강렬하게 가르칠 수 있는 말은 없다는 생각이 들었습니다.

나를 찾아가는 이야기

저는 앞으로 고객과의 관계에서 없어지고 잃어버린 '나'를 찾아가는 이야기를 해보려 합니다. 오랜 기간 유통업체에 근무하며 서비스 현장에서 극도의 감정노동을 경험하는 직원들을 보아왔습니다. 그들을 위로하고 등이라도 토닥여주며 '어떻게 하면 잃어버린 자신의 가치를 찾게 해줄 수 있을까?'라는 고민을 해왔기 때문입니다.

이전까지의 서비스 교육은 열심히 친절 교육을 잘 받아서 '고객'에게 잘하라는 게 목표였습니다. 어떤 상황에서도 고객에게 최상의 서비스를 제공할 것을 강조하고 그 정신을 주입시켰습니다. 이는 서비스 교육뿐만 아니라 '서비스'라는 단어가 붙은 모든 책에서도 마찬가지입니다.

'나를 죽이고 고객을 감동시켜야 기업이 살 수 있다.'

'처음부터 끝까지 온전히 고객 중심이어야 한다.'

이것이 서비스 교육과 관련된 책에서 말하는 서비스의 가장 중요한 논지입니다. 틀린 말이 아닙니다. '고객 관계란 당신의 일에 필수불가결

한 요소이지, 그저 있으면 좋은 부수적인 요소가 아니다'라는 윌리엄 B. 마틴(William B. Martin, 《Quality Customer Service》의 저자)의 말은 충분히 설득력이 있습니다. 저 역시 이 책에서 결론적으로 말하고 싶은 한 가지는 '고객에게 최상의 서비스를 제공하라'입니다. 아니, 할 수만 있다면 더 차원이 높은 서비스를 제공했으면 좋겠다는 것이 저의 생각입니다. 단지 서비스의 주체를 '고객'이 아닌 서비스를 제공하는 '나'로 바꾸어보자는 데 그 차이가 있습니다. 전혀 새로운 이야기가 아닐 수도 있습니다. 못 들어본 이야기, 모르는 이야기도 없습니다. 하지만 서비스와 연관지어 생각하지 않았던 이야기들을 해보려 합니다.

우리는 이제까지 서비스의 주체를 '고객'으로만 알고 있었습니다. 이 주체를 새롭게 '나'로 바꾸다 보니 약간은 허황되고 억지로 짜맞춰 말도 되지 않는 이야기를 할 수 있음을 미리 밝히며 양해를 구합니다. 하지만 책을 읽어가면서 이 말도 안 되고 허황되고 억지로 짜맞춘 듯한 이야기들이 어떻게 말이 되어가는지 함께 생각해보면 좋겠습니다.

스마일마스크증후군, 감정노동, 화병으로 점철된 우리의 서비스 현장에서 억눌렸던 '나'를 깨우고, 다시 찾은 '나'를 통해 새로운 형태의 감동적인 '고객 서비스'의 세계로 나아갈 수 있기를 소망합니다.

나를 향하는 서비스

고객 지향 서비스

저는 유통업체에 근무하기 시작하면서 '직원들이 어떻게 하면 고객을 향해 헌신적인 서비스를 할 수 있을까?'를 고민하게 되었고, 실제로 서비스와 관련된 근사한 말과 이론을 토대로 교육을 실시하기도 했습니다. 교육만이 사람을 변화시킬 수 있다는 생각으로 아침 일찍부터 직원들을 교육시키는가 하면, 갓 입사한 관리자들에게 '오직 고객을 위해 생각하고 행동할 것'을 강요했습니다. 당연히 제가 말하는 서비스의 방향은 '고객'을 향했지요. 당시 제가 외치던 고객 지향 서비스의 경구들이 필립 코틀러가 쓴 《어떻게 성장할 것인가》에 일목요연하게 정리되어 있더군요.

- 기업이 존재하는 목적은 고객을 확보하기 위한 것이다. 기업의 유일한 수익 원천은 고객이다. (피터 드러커)
- 불평을 하는 고객이야말로 나의 가장 좋은 친구다. (스튜 레너드)
- 단지 고객만이 우리를 해고할 수 있다. (샘 월튼)
- 고객을 유지하는 가장 좋은 방법은 어떻게 하면 고객에게 더 적은 비용으로 더 많은 것을 줄 수 있는지를 끊임없이 고민하는 것이다. (잭 웰치)
- 당신의 새로운 상사는 고객이다. 고객을 생각하지 않는다면 당신은 아무것도 생각하지 않는 것과 같다. (무명씨)
- 성난 고객의 힘을 결코 과소평가하지 마라. (조엘 로스, 미라클 카미)
- 우리가 고객 지향적이지 않다면 우리 자동차도 마찬가지일 것이다. (포드자동차)
- 판매하지 말고 고객을 만들어라. (캐서린 바체티)
- 당신이 이미 확보한 모든 고객은 당신이 찾아야 하는 고객보다 한 사람 적다. (니제르 샌더스)
- 비즈니스의 목적은 다른 고객을 만드는 고객을 확보하는 것이다. (스리브 싱)
- 훌륭한 고객 서비스는 형편없는 고객 서비스보다 비용이 더 적게 든다. (핼리 그로노우)

- 고객 서비스는 일개 부서의 일이 아니라 모든 직원의 임무다. (무명씨)
- 고객이 좋아하는 것이 무엇인지 찾아내 그 일을 더 많이 하라. 그리고 고객이 싫어하는 일은 적게 하라. (무명씨)
- 최고의 기업은 고객을 만들지 않고 열광적인 팬을 만든다. (켄 블렌차드)
- 우리는 모든 개인을 고객으로 보는 대신 모든 고객 속에서 개인을 찾아야 한다. (얀 칼슨)
- 언제나 가장 까다로운 고객을 만족시키려 노력하라. 그러면 나머지 고객을 만족시키기가 쉬워진다. (무명씨)
- 미소를 짓지 않을 거라면 장사를 하지 마라. (중국 속담)

이러한 기준에 미치지 못하는 직원에게는 불이익을 주었습니다. 반대로 고객이 만족하는 서비스를 제공한 직원은 공개적으로 상을 주며 다른 직원들도 자극을 받아 따라 할 것을 강요했지요. 그러나 서비스의 수준은 만족할 만큼 향상되지 않았습니다. 오히려 교육과 현장의 간극(間隙)은 점점 더 벌어지고 있다는 위기감마저 들더군요.

오랜 고민 끝에 저는 방향을 바꾸어보기로 했습니다. 아침부터 실시하던 서비스 교육을 멈추고, 현장에서 직원들을 개별적으로 만나기 시작했습니다. 이른 아침부터 시작되는 지루하고 재미없는 교육을 받지 않게 되었다는 사실만으로도 직원들은 꽤나 즐거워하는 눈치였습니다. 이렇게 시작된 판매직원과의 일대일 면담은 수개월간 이어졌습니다.

직원들을 만나 이야기를 들어본 결과 그들이 이중고를 겪고 있음을 알게 되었습니다. 서비스 분야에 근무하는 사람이라면 누구나 고객을 왕까지는 아니더라도 최소한 고객에게 친절해야 한다는 사실을 상식으로 알고 있습니다. 어제 입사한 직원이라 할지라도 말이지요. 그런데 '왕'인 고객에게 최선을 다해 서비스하다 보면 본의 아니게 고객들로부터 '신하'처럼 대우받는 경우가 생깁니다. 이 때문에 직원들은 극심한 감정노동의 상황을 경험할 수밖에 없습니다. 오죽하면 누군가가 서비스를 '**서**럽고 **비**위 상해도 **스**마일, 스마일'이라는 삼행시로 표현하기까지 했을까요. 게다가 관리자나 상사의 통제와 압박이 만만치 않아 그야말로 '죽을 맛'이라는 이야기가 판매직원들의 입에서 쏟아져 나왔습니다.

직원이 있어야 고객도 있습니다

유통업계에서 20년 가까이 근무한 매니저와 얘기를 나눈 적이 있습니다. 매출도 괜찮고 고정 고객도 꽤 많은 분이셨지요. 늘 밝은 표정의 매니저에게 "하시는 일이 즐거운가 봅니다"라고 물었습니다. 그런데 의외의 대답이 돌아오더군요.

"그런 말씀 마세요. 다른 일을 할 수만 있다면 지금 당장이라도 이 일을 그만두고 싶어요."

깜짝 놀랐습니다. 매니저는 계속 말을 이어갔습니다.

"20년간 무슨 일은 안 겪어봤겠어요? 자기 집 식모 다루듯 함부로 말하는 고객, 반말은 기본이고 무시하는 눈빛으로 쳐다보는 고객 때문에 얼마나 속상한지 아세요? 다행히 저는 겪지 않았지만 매장에서 소리를 지르고 심지어 직원을 때리는 고객을 볼 때면 당장이라도 때려 치우고 싶은 생각이 든다니까요. 먹고 살려면 제가 참아야지 어떡하겠어요. 그런데 더 힘든 건 어쩌다 무표정으로 있으면 귀신같이 나타나 싫은 소리를 해대는 관리자예요."

듣는 제 마음이 불편해져서 얼른 이야기를 마치고 나왔습니다만, 그 매니저는 아직도 풀어낼 이야기가 많아 보였습니다.

그들과 이야기를 나누면서 생각보다 많은 직원들이 심각한 스트레스의 상황에 있다는 사실을 알게 되었습니다. 이런 직원들에게 '왜 친절하지 않느냐?', '어떤 상황에서도 고객은 왕처럼 모셔라', '밝게 미소 지어라'라고 떠들어댔던 저의 모습이 부끄러웠고 그들에게 미안한 생각마저 들더군요.

이때부터 '어떻게 저들의 상한 감정을 위로해줄 수 있을까?', '어렵고 힘든 상황에서도 자신이 소중한 존재라는 사실을 잊지 않도록 해줄 방법은 없을까?'를 고민했고, 결국 직원들에게 고객 응대 방법과 같은 서비스 기법을 가르치기보다 심각한 감정노동의 상태에서 자신을 지켜내는 방법을 알려주고 '고객 감동'이 아닌 '나 사랑하기'를 강조하는 쪽으로 교육의 방향을 완전히 바꾸기로 결정한 것입니다. '마음을 다하는 서비스의 출발점은 나의 가치를 인정하는 것부터 시작된다'는 사실을 깨달았기 때문입니다.

이렇게 해서 만들어진 서비스 교육의 제목을 저는 '나를 향하는 서비스'라고 이름 붙였습니다. 서비스의 주체를 고객이 아닌 서비스 제공자인 '나'로 바꾸자는 것입니다. '나를 향하는 서비스'는 '무조건 고객에게 잘하라'는 말에 지쳐 있던 직원들에게 진정한 서비스의 시작이 자신임을 생각하게 하는 기회가 되었고 왜 친절해야 하는지, 왜 고객에게 마음을 다해야 하는지의 동기가 자신에게 있음도 알게 해주었다고 감히 말씀 드리고 싶습니다.

'고객이 있어야 직원이 있다'는 말은 틀림이 없는 사실입니다. 하지만 다른 관점으로 해석하면 '서비스를 제공하는 직원이 있어야 고객도 진정한 고객이 될 수 있다'는 말이 됩니다. 고객이 고객으로서 대접을 받으려면 직원이 있어야 한다는 뜻입니다. 이는 유통업체의 판매 직종뿐만 아니라 음식, 관광, 의료와 같은 접객 서비스 분야도 모두 마찬가지일 것입니다.

다행히도 최근에 감정노동에 시달리는 직원들을 돌아보자는 분위기가 사회적으로 생겨나기 시작했습니다. 정부 차원에서도 감정노동자가 고객으로부터 모욕을 당해 우울증이 생기면 산업재해로 인정해준다는 산업재해보상보험법 시행령과 시행규칙, 고용보험 및 산업재해보상보험의 보험료 징수 등에 관한 법률시행령, 시행규칙 개정안을 입법예고하기도 했습니다(2015년 11월 2일 고용노동부). 이것은 상당히 고무적인 일입니다. 하지만 회사 혹은 정부가 아무리 좋은 프로그램과 정책을 도입한다 해도 고객이 직원을 인격적으로 대우하지 않는 한 근본적인 문제는 해결되지 않습니다. 결국 고객이 바뀌기를 바라거나 회사와 정부의 정책 같은 외적인 환경의 변화가 아니라 내 안에서 답을 찾아야 한다는 결론에 이릅니다.

그런 점에서 '나를 향하는 서비스'는 고객이나 외적인 환경과는 상관없이 감정노동의 상황에서 나를 지키는 가장 적극적인 방법입니다. 자신을 어떻게 가꾸고 사랑하느냐에 따라 고객을 향하던 서비스에서 '나'를 향하는 본질적인 서비스가 가능해지리라 믿습니다.

"다른 사람을 만족시키기 위해, 감동을 주기 위해 자신을 희생시키려 하지 마세요. 삶은 결국 자신을 위해 사는 것 아니겠습니까?"

지극히 이기적으로 보일 수 있는 표현이지만, 남을 사랑할 수 있으려면 자신을 아끼고 사랑하는 것이 우선되어야 한다는 사실을 잊어서는 안 될 것입니다.

어렵지 않은, 그래서 쉽지 않은
'나를 향하는 서비스'

조금은 생소한 듯 느껴지는 '나를 향하는 서비스'가 가능해지기 위해서는 몇 가지 전제조건을 체득해야 할 필요가 있습니다. 생소하다고 해서 전혀 모르는 이야기는 아닐 겁니다. 저의 강의를 들은 분들 중에는 "뭐 다 아는 내용이네?"라고 말씀하시는 분들이 있으니까요. 어쩌면 이미 우리가 다 알고 있는 것들인지도 모릅니다. 문제는, 아는 것과 행동하는 것이 전혀 별개라는 사실이지요. 자신이 알고 있는 것들 중에서 기본이 되는 것만이라도 실천한다면 세상에 성공하지 못할 사람은 없을 겁니다. 가령 아침에 일찍 일어나는 아침형 인간이 된다든지, 한 달에 몇 권씩 책을 읽는다든지 하는 성공을 위한 기본 요소들의 실천 말입니다.

제가 제시하는 전제조건도 보기에 따라서는 허탈할 정도로 상식적이고 살아가는 데 기본이 되는 요소들임을 미리 밝혀둡니다. 그래서 어렵지 않습니다. 아니, 그래서 쉽지 않습니다. 실천이 쉽지 않음은 중국 대륙이 사랑하는 역사고전 해설가 이중톈(易中天)도 인정하는 진리입니다. 그는 어느 한쪽으로 치우치지 않는 상태인 중용(中庸)에 대해 설명하면서 실행의 어려움을 이야기했습니다.

"중용이란 이런 것이다. 하나는 '극단으로 치닫지 않는 것'이고, 다른 하나는 '곧이 말만 하지 않는 것'이다. 뭐가 어려운가? 전혀 어렵지 않다. 다만 진정으로 행하려고 한다면 결코 쉽지만은 않다." [1]

사실 실행이 어렵다는 말도 새로운 이야기는 아니지요. 한때 한국에 이자카야 개업의 붐을 일으켰던 일본의 우노 다카시의 《장사의 신》이 큰 인기를 끌었던 적이 있습니다. 그 뒤 '라디오계의 유재석'으로 불렸던 맛집 조련사 김유진이 《한국형 장사의 신》을 썼는데 두 책 모두 사업의 성공 비결을 빼곡하게 소개하고 있습니다. 그 성공 비결 역시 새로운 것은 없었습니다. 많은 사람들이 이미 알고 있을법한 이야기들이었습니다. 그런데 현실은 사업에 성공하는 사람이 5% 미만에 불과합니다. 이유가 무엇일까요? 이에 대해 김유진은 자신의 책 곳곳에서 '알고 있는 것의 실행 여부'라고 강한 어조로 이야기합니다. [2]

'다 아는 사실이라고? 몰라서 못 했다면 핑계거리라도 되지만 알

면서도 실행하지 않았다면 그건 장사하는 사람으로서 죄악이다.'

'인간의 아이디어는 다 거기서 거기다. 누구나 생각할 수 있지만 그걸 실행에 옮기느냐 마느냐가 성패를 가른다.'

제가 하려는 이야기 역시 새로울 것은 하나도 없습니다. 이미 알고 있지만, 고객이 아닌 '나를 향하는 서비스'와 연관 지어 생각하지 않았던 것들을 하나씩 짚어보려고 합니다.

2장에서 이야기할 전제조건은 모두 세 가지입니다. 이 중에서 한 가지라도 여러분의 생활에 스며들어 감정노동의 현장에서 '나를 지켜내는' 지혜를 발휘하길 바랍니다.

"삶은 결국 자신을 위해 사는 것 아니겠습니까?"

'나를 향하는 서비스'의 세 가지 전제조건

나를 향하는 서비스
전제조건
01

말에는
힘이 있습니다

실험으로 증명된
말의 힘

'나를 향하는 서비스'를 위한 첫 번째 전제조건은 '말의 힘'입니다.

말의 힘에 대해 이야기를 할 때면 꽤 많은 사람들이 '물의 결정'을 떠올립니다. 이는 아마도 수년 전 TV를 통해 방영되어 큰 이슈를 일으켰던 다큐멘터리 〈물은 답을 알고 있다〉를 시청했거나, 같은 이름의 책을 읽었거나, 인터넷에서 말에 의해 물의 결정이 변하는 사진들을 보았기 때문일 것입니다.

다큐멘터리와 책에서는 물을 통해 말의 힘을 증명한 실험을 생생하게 전했습니다. 《물은 답을 알고 있다》의 저자 에모토 마사루(江本勝) 박사가 한 실험은 아주 간단했습니다. 두 개의 그릇에 물을 떠놓고 물을 향해 각각 긍정적인 말과 부정적인 말을 한 뒤 현미경으로 물의 결정을 들여다본 게 전부였지요. 이 간단한 실험을 통해 같은 조건에서 어떤 말을 전하느냐에 따라 물의 결정이 확연하게 달라짐을 확인할 수 있었습니다. 여러분도 물의 결정체 사진을 보신 적이 있으실 텐데요. 부정적인 말을 들려준 물의 결정은 육각수가 현저하게 붕괴되어 보기에도 흉물스럽고 마시기에 거부감이 드는 반면에, 긍정적인 말을 들려준 물은 육각수가 선명하고 결정구조가 아름답습니다.

과학계에서 이 실험 결과에 관한 진위 논란이 없는 것은 아닙니다. 그래서 이 실험을 의사과학(擬似科學)으로 분류하기도 합니다. 의사과학은 학문·학설·이론·지식·연구 등에서 그 주창자와 연구자가 과학이라 주장하거나 과학인 것처럼 보이지만, 현재의 지식으로는 널리 인정받는 과학의 조건(과학적 방법)을 만족하지 못하는 것을 말합니다(출처: 위키백과). 과학자들 간에 논란이 있기는 하지만 '사랑과 감사의 소중함'과 말의 힘을 일깨워주었다는 측면에서 이 실험 결과는 의미가 있습니다.

이 외에도 말의 힘을 증명하는 실험은 많습니다. MBC에서는 2009년 한글날 특집으로 말의 힘을 실험해 다큐멘터리로 제작, 방영했습니다. 이 실험 역시 방식은 아주 간단했습니다. 두 개의 용기에 밥을 담아 MBC의 아나운서들에게 나누어주고는 한쪽에는 '감사합니다'와 같은 긍정적인 말을, 다른 한쪽에는 '짜증나, 미워'와 같은 부정적인 말을 들려주도록 한 것입니다. 4주 뒤 두 밥은 믿기 어려울 정도로 놀라운 차이를 나타냈습니다. 긍정적인 말을 들려준 밥에서는 구수한 누룩 냄새가 나는 예쁜 곰팡이가 생겼고, 부정적인 말을 들려준 밥은 새까맣게 곰팡이가 핀 데다 냄새도 좋지 않았습니다. 실험에 참여한 아나운서들은 인터뷰를 통해 "밥이 사람의 말을 알아듣는다는 사실에 매우 놀랐다", "앞으로는 좋은 말만 해야겠다"는 이야기를 하더군요.

이후에 다른 방송국에서도 말의 힘을 실험한 제작물들이 연이어 방송되었는데요. '스타 교양 PD'로 유명한 이영돈의 〈먹거리 X파일〉도 그중 하나입니다. 채널A를 통해 방영된 이 프로그램에서는 물과 밥 외에 빵, 콩나물, 소, 닭, 와인, 심지어 소주에까지 말의 힘을 실험한 결과를 방송을 통해 보여주었습니다. 이 실험들의 결과도 앞에서 살펴본 물 실험이나 밥 실험의 결과와 크게 다르지 않았는데요. 긍정적인 말을 들려준 쪽은 하나같이 빠른 성장 속도를 보여준 반면, 부정적인 말을 들려준 쪽은 성장 속도가 느릴 뿐만 아니라 맛도 좋지 않음이 확인되었습니다. 처음에 이러한 영상을 접했을 때는 '우리가 일상적으로 사용하는 말이 이렇게 큰 힘을 갖고 있구나'라는 생각에 많이 놀랐습니다. 이후 저는 강의를 하는 곳이면 어디에서나 이 영상들을 보여주며 말의 중요성에 대해 강조했습니다.

그러던 어느 날 '이 실험을 직접 해보면 어떨까?'라는 생각이 들더군요. 제 눈으로 직접 확인해보고 싶은 마음이 있었던 거죠. 저는 감자와 고구마를 사무실에 사다놓고 직원들과 함께 실험을 시작했습니다. 위의 실험들과 마찬가지로 한쪽에는 긍정적인 말을 해주었고, 다른 한쪽에는 부정적인 말을 퍼부었습니다. 이미 말의 힘에 관련된 많은 영상을 보았고, 실제 그것으로 강의까지 하고 있었지만 실험을 하는 초기에는 '과연 잘될까?'라는 의심이 들더군요. 'TV에서 본 것과 내가 직접 하는 실험의 결과가 다르면 더 이상 말의 힘을 강의할 수 없게 될 수도 있다'라는 생각에 두렵기까지 했습니다. 하지만 말의 힘은 저에게도 같은 결과를 보여주었습니다. 옆(47쪽)의 사진이 제가 직접 실험한 감자와 고구마 사진입니다.

이 실험으로 저는 말의 힘이 특정인이나 특정 상황에서만 일어나는 현상이 아니라 모든 생명체에 공통적으로 나타나는 현상이라는 사실을 깨달을 수 있었습니다. 그 뒤로는 늘 다른 사람들의 실험만 보여주며 강의를 하던 저의 목소리에 훨씬 힘이 들어갔습니다.

사실 감자와 고구마로 말의 힘을 실험하게 된 이유는 따로 있었습니다. 우연히 뉴스를 통해 프로축구 구단인 포항 스틸러스(이하 포항)의 '긍정 고구마' 실험을 보았기 때문이었지요.

▲ 어떤 말을 듣느냐에 따라 감자 싹의 성장 속도가 크게 달랐다.
◀ 부정적인 말을 퍼부은 감자는 심하게 부패되었다.

▲ 고구마 싹도 어떤 말을 듣느냐에 따라 성장 속도에 큰 차이를 보였다.

말의 힘을 활용해 얻은
값진 성과

2012년 10월 12일 KBS 9시 스포츠뉴스에서 흥미로운 소식이 전해졌습니다. 프로축구 구단 포항이 한 가지 재미있는 실험을 했다는 내용이었습니다. 포항의 선수숙소 안에 두 개의 고구마 화분을 놓고 한쪽에는 긍정의 말을, 다른 한쪽에는 부정적인 말을 들려주었더니 얼마 후에 고구마의 성장 속도가 현저히 달라져 있었다는 겁니다.

포항 구단이 실시한 고구마 실험 결과 역시 이미 우리가 앞에서 살펴본 다양한 실험들과 전혀 차이가 없었는데요. 포항이 이 실험을 통해 어떤 성과를 거두었는지에 대해서는 설명이 필요할 것 같습니다.

우리나라의 프로축구 K리그에는 한 시즌에 두 개의 큰 대회가 개최됩니다(K리그에는 1부 리그 격인 'K리그 클래식'과 2부 리그라 할 수 있는 'K리그 챌린지'가 있으나 여기에서는 K리그 클래식을 의미합니다). 하나는 K리그 클래식리그컵(League Cup) 대회이고, 다른 하나는 FA컵(Football Association Cup)인데요. 전자는 시즌 내내 K리그 팀 간의 리그 방식으로 진행되고, 후자는 아마추어 팀까지 참여해 토너먼트 방식으로 대회가 진행됩니다.

포항은 고구마 실험을 실시한 2013년 시즌에서 두 개 대회를 모두 석권하는 '더블(Double)'을 달성했습니다. 더블이란 흔히 축구에서 한 시즌에 한 팀이 두 개의 주요 대회를 동시에 우승하는 것을 지칭합니다. 한 팀이 더블을 달성한 사례는 1983년 프로축구가 출범하고 1996년 FA컵이 시작된 이후 처음이라고 하니 그 성과에 놀랄 수밖에 없습니다. 하지만 2013년 초 K리그가 시작할 때만 하더라도 전문가들은 '포항은 하위권을 맴돌 것'이라는 예측을 내놓았습니다. 그 이유는 이러했습니다.

K리그는 경기 규정상 한 팀에 세 명까지 외국인 용병을 기용할 수 있습니다. 그런데 포항은 모기업인 포스코가 축구단에 대한 지원 규모를 대폭 축소하면서 재정적인 어려움을 겪게 됩니다. 이런 이유로 구단에서는 전격적으로 외국인 용병을 단 한 명도 쓰지 않기로 결정을 내립니다. 타 구단은 팀의 성적을 위해 우수한 외국인 용병을 비싼 몸값을 지불해가면서 데려다 쓰는데 말이죠. 그러니 전문가들이 '포항은 하위권을 맴돌 것'이라고 한 것이었지요. 이런 예상은 당연한 듯 받아들여지는 분위기였습니다.

고구마 실험은 이즈음 숙소에서 선수들을 대상으로 실시했다고 합니다. 열악한 상황에서 선수들에게 할 수 있다는 자신감과 활력을 불어넣어주기 위한 조치였지요. 포항은 고구마 실험뿐만 아니라 서로에게 칭찬과 감사의 글을 담은 메모지를 붙여주도록 하면서 서로에 대한 신뢰감을 높여갔습니다. 당시 황선홍 포항 감독은 취재기자와의 인터뷰에서 이렇게 이야기했습니다.

"고구마 실험을 통해 많이 느꼈습니다. '말과 마음가짐이 큰 변화를 일으킬 수 있구나'라는…."

포항이 2013년 더블을 달성하는 놀라운 성과를 거둘 수 있었던 원동력은 바로 말의 힘이었습니다. 물론 이와 같은 성과가 꼭 말의 힘 실험 때문이라고 하기에는 억지스러운 면이 없지 않습니다. 무엇보다도 선수들의 피나는 훈련과 땀과 노력이 없었다면 이룰 수 없는 성과였지요. 하지만 '할 수 있다'는 자신감, '긍정적인 말의 힘'이 우리 삶에 어떤 영향을 끼치게 되는지 여실히 보여주는 좋은 사례라는 데는 부정할 수 없습니다.

전설적인 권투선수인 알리 역시 말의 힘으로 많은 승리를 거두었다고 전해지는데요. 알리는 은퇴를 하면서 다음과 같은 말을 남겼습니다.

"나의 승리의 절반은 주먹이었고, 절반은 승리를 확신한 나의 말이었다."

말은 사람을
절망에 빠뜨리게도 한다

그런데 '말의 힘'에는 긍정적인 면만 있지 않습니다. 한 마디의 부정적인 말이 우리를 큰 충격과 절망에 빠뜨리게도 합니다. 마치 부정적인 말을 들어 심하게 부패한 감자처럼 말이지요.

제가 어느 책에서 읽은 이야기입니다. 어느 중학교 여학생이 자살을 했습니다. 알고 보니 누군가가 농담처럼 던진 말 한마디가 주된 원인이었습니다.

"넌 어떻게 그렇게 못생긴 얼굴로 돌아다니니? 다른 사람 생각도 해야지!"

한창 외모에 예민한 사춘기 여학생이 이 말을 그저 농담으로 웃어넘기기는 힘든 일입니다. 실제로 그 여학생은 이 말을 들은 이후로 얼굴을 제대로 들고 다니지 못했습니다. 자신의 못생긴 얼굴 때문에 다른 사람에게 피해를 줄까 봐 그랬던 거지요. 그러다가 자살했습니다. 결국 누가 그 말을 했는지는 밝혀내지 못했다고 합니다.

이렇게 우리가 일상적으로 하는 말에는 놀라운 성과를 거두게도 하고 사람을 죽게도 하는 힘이 있습니다. 물이나 밥, 감자나 고구마와 같은 사물들이 귀가 있다고 생각하는 것은 어리석은 일입니다. 하지만 많은 실험들은 사람의 말을 알아들을 수 없다고 생각하는 사물조차도 사람의 말에 의해 상태가 변하거나 성장 속도에 영향을 준다는 사실을 증명하고 있습니다. 이는 사람의 말에 담긴 파장이 에너지가 되어 사물에 영향을 끼치기 때문입니다. MBC의 한글날 특집 다큐멘터리의 진행자(아나운서 박혜진)는 프로그램의 말미에서 밥 실험의 결과 사진을 보여주며 이렇게 마무리 멘트를 합니다.

"이 밥이 만약 사랑하는 가족, 이웃, 직장 동료였다면 어떻게 되었을까요?"

생각할수록 무서운 이야기입니다. 사물도 사람의 말에 영향을 받을진대 사람은 더할 나위가 없겠지요.

지금 자신을 대상으로 말의 힘 실험을 한번 해볼까요?

'암', '자살', '우울하다'라는 단어를 떠올리고 입으로 말해보십시오. 마음에 어떤 변화가 느껴지시나요?

이번에는 '어머니', '사랑해요', '행복하다'라는 단어를 말해봅니다.

이번에는 어떤 마음이 드셨나요?

단 한 마디의 말로도 마음의 변화를 느낄 수 있었다면 긍정적이거나 부정적인 말들이 입버릇처럼 굳어진 경우에는 과연 마음 상태가 어떻게 달라져 있을까요?

'어떤 말을 만 번 이상 되풀이하면 미래에 그 일이 이루어진다'는 인디언 속담을 기억하며, 평소 자신이 어떤 말을 자주 쓰고 있는지 돌이켜보시기 바랍니다.

옛이야기를 하나 하겠습니다. 어느 나라의 왕이 광대 두 명을 불렀습니다. 왕은 광대 한 명에게는 "세상에서 가장 악한 것을 찾아오라"고 명령하고, 다른 광대에게는 "세상에서 가장 선한 것을 찾아오라"는 명령을 내립니다. 시간이 지나 두 광대는 각각 왕의 명령에 대한 해답을 찾아 돌아옵니다. 그런데 놀랍게도 두 광대의 답은 똑같았습니다. 그들이 찾은 답은 무엇이었을까요? 바로 '혀'였습니다.

말의 힘을 모르는 사람은 없습니다. 안타까운 것은 그 사실을 너무나 잘 알고 있으면서도 살면서 "짜증나", "죽겠어", "우울해"라는 말들을 너무 쉽게 내뱉는다는 겁니다. 건강하고 성공적인 삶은 지금 쓰는 말에서 출발한다는 사실을 잊어서는 안 됩니다.

말에 힘이 있다는 사실은 상식적인 이야기입니다. 그럼에도 불구하고 말의 힘에 대해 이렇게 장황하게 설명한 데는 이유가 있습니다. '말의 힘'을 우리의 삶뿐만 아니라 서비스 현장에서 활용해보자는 말씀을 드리기 위함입니다.

절세미인의 첫걸음, 말의 힘

'절세미인(絕世美人)'이라는 단어를 알고 계실 겁니다. 사전에는 '당대에는 견줄 대상이 없는 뛰어난 미인'이라고 설명되어 있습니다.

사람의 외모는 태어나면서 자연스럽게 성장과 노화의 과정을 거칩니다. 특별한 경우를 제외한다면 말이지요. 여기에서 '특별한 경우'라 하면 성형외과에서 소위 '찝거나 깎고 세우는' 행위를 의미합니다. 대한민국은 다른 나라에서 성형관광을 올 정도로 그 기술이 발달했다고 하는데요. 이런 현상을 두고 영국의 일간지 데일리메일은 "한국 병원에서 외국인 환자들을 위해 성형수술 증명서를 발급하고 있다"면서 그 이유로 "외국인들이 자국으로 돌아갈 때 공항에서 오해를 받는 일이 없게 하기 위해서"라고 보도한 적이 있습니다.[2] 얼굴이 너무 달라져서 사진과 실물을 비교할 수 없게 되었다는 것이죠.

최근 우리나라에 불고 있는 성형 열풍은 절세미인이 되고 싶어 하는 여성들의 마음 때문일 겁니다. 예뻐지고 아름다워지려는 여성들의 기본욕구를 비판하거나 폄하하려는 것이 아닙니다. 일곱 살짜리 유치원생들도 예쁜 여자 선생님을 좋아하는 판국에 예쁘고 아름다워지려는 것이 어찌 흉이 되겠습니까.

그런데 잊지 말아야 할 것이 있습니다. 사람에게는 얼굴이 하나 더 있다는 사실입니다. 바로 내면(內面)이라고 하는 마음의 얼굴입니다. 저는 이 내면의 아름다움을 이야기하고 싶습니다. 성형을 통해 외모만 아름다워지려 하지 말고 우리의 내면까지도 당대에는 견줄 대상이 없는 절세미인으로 아름답게 성형하면 어떨까요? 외모는 성형외과에 가야만 성형할 수 있지만, 내면은 스스로의 노력에 따라 충분히 아름다워질 수 있습니다.

저는 내면의 범위를 몸속에 있는 장기(臟器)까지 포함시키고 싶습니다. 내면을 마음과 장기로 나누겠다는 뜻입니다. 마음의 성형에 관해서는 '전제조건 두 번째, 아름답게 마음쓰기'에서 좀 더 자세히 말씀을 드리겠습니다.

건강을 좀먹는 말

말도 안 되는 질문을 해보겠습니다. 우리의 내면(이하 장기)을 태어났을 때의 상태로 되돌릴 수는 없을까요?

한마디로, 말도 안 됩니다. 그럴 수는 없습니다. 우리의 장기는 이미 스트레스와 술, 담배 그리고 부정적인 말들로 일부분이 새까맣게 변해 있을지도 모릅니다.

그렇다면 한 가지 제안을 하겠습니다. 우리 몸속에는 간, 위, 폐와 같은 많은 장기들이 있습니다. 이 장기들을 앞서 밥 실험의 밥알로 바꾸어 생각해봅시다. 몸속의 장기가 아니라 밥알로 표현하면 앞에서 한 말은 이렇게 바뀝니다.

'우리는 이미 많은 스트레스와 술, 담배 그리고 부정적인 말들로 몸속의 밥알 몇 개가 새까맣게 변해 있을지도 모릅니다.'

그렇기 때문에 밥알의 처음 상태로 돌아간다는 것은 더더욱 말이 되지 않습니다. 그러면 이왕 새까맣게 변한 것은 어쩔 수 없다 하더라도 남은 밥알들은 더 이상 나빠지지 않도록 할 수 있지 않을까요?

저는 가능하다고 생각합니다. 그 근거는 바로 '말의 힘'입니다.

앞서 말씀 드린 "이 밥이 만약 사랑하는 가족과 이웃, 직장동료라면 어땠을까요?"라는 박혜진 아나운서의 말을 기억하시죠? 그 말처럼 말 때문에 사랑하는 사람들의 몸속 밥알들을 새까맣게 만드는 경우는 어떤 것들이 있을까요? 제가 직원들과 면담하면서 들었던 재미있는 예를 들어보겠습니다. 다음 상황들의 주인공을 A씨라고 해두겠습니다.

상황 1 》

백화점에서 근무하는 A씨는 사춘기 자녀를 둔 주부사원입니다. 아침 일찍 일어나서 남편과 아이를 깨우고 밥을 먹여 학교에 보낸 뒤에 출근을 하는데, 그렇다 보니 A씨의 아침 풍경은 마치 전쟁터 같습니다. 남편은 그렇다 치고 사춘기 자녀를 깨우는 게 어디 그리 쉬운 일입니까? 아직 결혼을 안 하셨거나 자녀가 어리다면 자신의 사춘기 시절을 떠올려보시죠.

언젠가 TV 다큐멘터리에서 청소년기에는 늦게 자고 늦게 일어나는 것이 생체리듬상 자연스러운 일이라는 연구 결과를 방영한 적이 있었습니다. 하지만 대한민국의 청소년들은 공부에 치여 늦게 자고 아침 일찍 일어나야 하는 실정이다 보니 일어나기 힘들어하는 아이를 깨워야 하는 일은 전쟁이 될 수밖에 없지요. A씨는 아이의 방문을 열고 이불을 젖히며 부드럽게 이야기합니다.

"얘야, 일어나라. 학교 갈 시간이다."

아이를 깨운 A씨는 다시 부엌으로 가서 아침을 준비하고 자신의 출근 준비를 서두릅니다. 10분 정도 시간이 지나 아이의 방으로 다시 가 보지만 아이는 아직도 깊은 잠에 빠져 있습니다. 여러분께서 A씨라면 이 상황에서 어떻게 했겠습니까? 목소리가 커지고 말이 거칠어질 수도 있을 겁니다. 성격이 급한 엄마라면 욕이 나왔을지도 모르죠.

"어젯밤에 뭐 하고 늦게 잔 거야! 빨리 안 일어나! 으이구, 진짜!"

아이가 몸을 뒤척이며 일어나는 것을 확인한 A씨는 다시 부엌으로 가서 밥상을 차립니다. 그런데 아이 방에서는 그 이상의 기척이 들리지 않습니다. 이상하게 생각한 A씨가 아이의 방으로 가보니 아이는 다시 잠들어버렸습니다. 이쯤 되면 A씨는 야수로 변합니다.

"이런 빌어먹을 XX, 누굴 닮아서 저럴까? 빨리 못 일어나! 내가 너를 낳고 미역국을 먹었다니 내가 미친 X이지."

상황 2 〉〉

그날 저녁에 A씨는 다른 날보다 조금 일찍 퇴근해서 남편을 위해 정성스럽게 저녁상을 준비합니다. 결혼기념일이기 때문이죠. 남편과 오붓하게 저녁식사를 함께할 생각을 하니 벌써부터 즐겁습니다.

그런데 일찍 들어오기로 했던 남편이 10시, 11시가 되어도 들어오지 않습니다. 몇 번이고 전화를 해보지만 전화도 받지 않습니다. 불안하고 화도 나고, A씨는 복잡한 심경으로 남편을 기다립니다.

밤 12시쯤 되자 바깥에서 시끄럽게 노래 부르는 소리가 들려옵니다. 술에 취한 남편의 목소리입니다. 얼굴은 붉어지고 가슴은 활활 타오릅니다. 잠시 후 집 앞에 도착한 남편이 현관문이 부서질 듯 문을 걷어차며 소리를 지릅니다.

"문 열어! 문!"

동네 부끄러워 얼른 달려가 문을 열어주며 이렇게 외칩니다.

"으이구, 내 팔자야! 인간아 조용히 못 해! 내가 못살겠다, 못살아! 어쩌다가 저런 것하고 결혼을 해서… 내가 미친 X이지, 미친 X이야!"

상황 3 》

어느 날 오후 5시경, 고객에게 상품 설명을 하느라 바쁜 A씨의 곁에서 50대쯤으로 보이는 아주머니가 계속 말을 붙입니다.

"에이, 조금만 더 깎아줘~."

"고객님, 안 된다고 말씀 드렸잖아요. 더 깎아드리면 제가 변상을 해야 해요."

"그러지 말고 조금만 더 깎아줘~."

A씨에게 상품 설명을 듣던 고객은 자꾸 말이 끊기자 매장을 나가버립니다.

"고객님, 벌써 한 시간째 이러시면 어떡해요. 알았으니까 다음부터 이러시면 정말 안 돼요."

"알았어, 고마워~."

이 아주머니와 실랑이를 벌이느라 계속 고객을 놓치던 A씨는 자신이 물어낼 각오를 하고 가격을 더 깎아줍니다.

휴식시간이 되어 A씨는 평소 친하게 지내는 B브랜드의 매니저에게 푸념을 늘어놓습니다.

"정말 재수없어. 한 시간 동안 깎아달라고 하는 통에 손님을 세 명이나 놓쳤다니까. 요즘에도 백화점에서 깎아달라는 사람이 있다니, 생각할수록 짜증나는 여편네야."

휴식시간 내내 속에 있는 마음을 풀어내니 A씨는 속이 후련해집니다. 그리고 자신의 푸념을 들어준 B브랜드 매니저가 더욱 친근하게 느껴집니다.

다음날, 매장을 오픈한 지 얼마 안 됐는데 어제 한 시간여를 실랑이했던 50대 아주머니 고객이 다시 찾아옵니다. 고객은 다짜고짜 환불을 요구하며 소리를 지릅니다.

"아니, 어떻게 이런 걸 팔아! 아울렛 가니까 훨씬 좋고 싼 것도 많던데. 환불해줘!"

"죄송합니다, 고객님. 잘 알겠습니다. 잠시만 기다려주십시오."

A씨는 다른 말을 하지 못한 채 평소 교육받은 대로 친절하게 환불

을 해주었습니다. 고객이 돌아가고 나니 마음에 다시 화가 치밉니다. 이번에도 쌓인 화를 풀기 위해 어제 이야기를 나눴던 B브랜드의 매니저를 찾아갑니다. 하지만 쉬는 날인지 B브랜드의 매니저는 보이지 않습니다. 하는 수 없이 눈에 보이는 C브랜드의 매니저를 붙들고 하소연을 시작합니다.

"아니 글쎄, 어제 한 시간 동안이나 나를 귀찮게 하더니 오늘 개시도 하기 전에 찾아와서 환불해달라고 소리를 지르는 거야. 어휴, 진짜 내가 이 일을 때려치우든가 해야지, 별 재수 없는 여편네 때문에 아침부터 속상해 죽겠네."

위의 세 가지 상황은 다소 과장된 부분이 있지만 우리네 가정이나 서비스 현장에서 충분히 있을 수 있는 장면들입니다. 이제 각 장면이 끝난 곳으로 돌아가 잠시 생각을 해보겠습니다. 밥 실험 장면을 떠올리면서요.

깨워도 일어나지 않는 아이에게, 술 먹고 늦게 들어온 남편에게, B브랜드와 C브랜드의 매니저들에게 A씨는 나름의 이유로 짜증의 말, 부정적인 말을 쏟아냈습니다. 하지만 A씨는 자신도 모르는 사이에 사랑하는 자녀, 남편, 동료들의 몸속에 있는 밥알 하나를 까맣게 만들었는지도 모릅니다. 그들이 사람의 말을 알아듣지 못하는 사물이 아니었기에 그 영향은 더욱 컸을 겁니다.

그런데 저는 여기서 중요한 사실 하나를 발견했습니다. A씨가 하는 부정적인 말, 짜증의 말을 듣는 대상은 때에 따라 바뀔 수 있습니다. 어느 때는 자녀가, 어느 때는 남편이, 또 어느 때는 B브랜드 혹은 C브랜드의 매니저로 말이지요. 그런데 A씨가 이런 부정적인 말을 할 때마다 항상 듣는 사람이 있었습니다. 누구일까요? 그렇습니다. 바로 A씨 자신입니다. A씨에게 부정적인 말을 들은 사람들은 각각 밥알 하나씩 까매졌겠지만, 네 명의 사람들에게 부정적인 말을 했던 A씨는 몸속의 밥알이 네 개나 까매졌다고 볼 수 있습니다. 결국 A씨는 말 때문에 사랑하는 사람들과 자신의 건강에 좋지 않은 영향을 끼치고 말았습니다. 이런 일들이 하루하루 쌓이면 우리의 건강은 어떻게 될지 쉽게 짐작될 것입니다.

말의 힘 운동법

사람들이 운동을 하는 이유는 간단합니다. 건강 때문입니다. 아파트 주변의 공원에만 나가 봐도 아침저녁으로 상당히 많은 사람들이 운동하는 모습을 쉽게 발견할 수 있습니다. 공원뿐만 아니라 피트니스센

이래도 부정적인 말을
쏟아내시겠습니까?

터, 실내수영장 등 운동을 할 수 있는 곳이면 어디나 운동하는 사람들로 넘쳐납니다. 그만큼 사람들이 건강을 중요하게 생각한다는 것이지요. 하지만 모든 사람들이 운동할 수 있는 시간과 돈 그리고 의지가 있는 것은 아닙니다. 이런저런 이유로 운동을 미루거나 하지 못하는 사람들이 훨씬 더 많습니다. 여러분이 그러시다고요? 설사 그렇더라도 너무 걱정하지 마세요. 운동 이상으로 우리의 건강을 지켜주는 방법을 알려드리려 합니다. 그것은 바로 '말의 힘 운동법'입니다. 우리가 이제껏 살펴본 말의 힘 실험을 보면서 말에는 힘이 있다고 확신하셨다면 그 효과는 배가 될 수 있습니다.

누구나 아침에 일어나면 거울을 봅니다. 남자는 머리를 만지면서, 여자는 화장을 하면서 말이지요. 머리를 만지거나 화장을 하다 보면 마음도 바쁘고 몸도 바쁘지만 유일하게 노는 것이 하나 있습니다. 바로 입이죠. 노는 입에게 할 일을 줍시다. 매일 아침 거울을 볼 때마다 자신에게 이렇게 말해주는 겁니다.

"정말 예쁘게(혹은 멋지게) 생겼다. 오늘도 좋은 하루, 최고의 하루가 될 거야. 사랑해, 고마워."

처음 시작할 때는 당연히 어색하고 누가 들을까 봐 부끄럽기도 할 겁니다. 하지만 꾸준히 자신에게 긍정적이고 축복이 담긴 말을 해주다 보면 몸속의 밥알들이 말을 알아듣고 서서히 원래 색으로 돌아오지 않을까요? 제 말이 억지스럽나요? 《석봉 토스트, 연봉 1억의 신화》의 저자 김석봉 사장의 이야기를 들으면 모두 고개를 끄덕이실 거라고 생각합니다.

그는 길거리에서 토스트를 팔러 나가는 아침마다 거울을 보며 이렇게 외쳤다고 합니다.

"일을 할 수 있으니 '나는 기쁘다', 누구보다 열심히 살아가니 '나는 예쁘다', 매일 일이 생기니 '나는 바쁘다'."

김 사장의 성공 비결이 이 세 마디라고 한다면 지나친 비약일까요?

빌 게이츠 역시 세계 최고의 부자가 된 비결을 묻는 기자의 질문에 "매일 아침 거울을 보며 이렇게 두 마디를 외쳤다"고 대답했습니다.

"오늘은 왠지 좋은 일이 생길 것 같아."
"너는 해결할 수 있어!"

미국 메릴랜드대학에서 총장을 지낸 프리먼 라보스키 박사(Dr.

Freeman Hrabowski) 역시 이 위대한 습관을 생활화했던 사람 중의 하나입니다. 열세 살 때 터스키지연구소를 방문한 후 영감을 받아 미래의 자신의 모습을 그리기 시작했습니다. 박사학위를 받고 대학의 총장이 되기로 마음먹은 겁니다. 이 날부터 당시 십대 소년이었던 라보스키는 매일 아침 거울을 보며 다음과 같이 자신에게 말해주었다고 합니다.

"안녕, 라보스키 박사."[3]

이렇게 아침마다 거울을 보며 자신에게 긍정적인 말을 해주어 성공에 이르렀다는 사례는 아주 많습니다. 결국 말로써 성공의 자리에 이를 수 있었다는 이야기입니다.

물론 아침마다 자신에게 긍정적인 축복의 말을 하며 하루를 시작한다고 해서 하루 종일 좋은 일만 생기고 성공적인 하루를 살 수 있다는 말이 아닙니다. 긍정적인 말로 시작한 날에도 가족으로 인해 마음이 상할 수도 있고, 상사에게 야단을 맞을 수도 있습니다. 소위 진상고객으로 표현하는 블랙 컨슈머를 만날 수도 있습니다.

어떤 사람이 배에 식스팩을 만들거나, 팔과 어깨에 근육을 만들겠다고 결심을 한 직후에 푸쉬업 50회, 100회를 했다고 해서 갑자기 식스팩이나 근육이 생기지는 않습니다. 다이어트를 결심한 여성이 공원한 바퀴를 힘겹게 돌았다고 해서 5kg씩 빠지는 것도 아닙니다. 꾸준한 운동과 훈련이 목표로 하는 근육을 만들고 다이어트를 가능하게 하는 것처럼 긍정적인 말 역시 그 효과를 바로 확인할 수 있는 것은 아닙니다. 좋은 결과를 얻을 것이라 믿고 거울을 보며 꾸준히 자신을 위해 외치다 보면 몸의 건강뿐만 아니라 자신을 둘러싼 주변의 상황까지 밝고 긍정적으로 바뀌는 때가 반드시 올 것입니다.

30대 초반에 부자가 된 일본인 혼다 켄은 이렇게 말했습니다.

"자네가 평소 사용하는 말이 자네의 미래를 만든다네. 자네가 다른 사람에 대한 험담이나 부정적인 말을 내뱉으면 자네의 장래도 그렇게 부정적인 것들로 가득 차게 되네. 자네가 기쁨, 희망, 비전, 풍요로움을 말하면 자네의 인생 역시 기쁨, 희망으로 충만해지지." [4]

저의 장모님께서는 대장암으로 세상을 떠나셨습니다. 8년 정도의 힘든 투병생활을 지켜보면서 깨닫게 된 것이 있습니다. 부모가 자녀에게 줄 수 있는 최고의 유산은 재산이 아니라 '건강하게 살다가 떠나는 것'이라는 사실입니다. '웰 빙(Well Being), 웰 다잉(Well Dying)' 말입니다. 그러기 위해 열심히 운동하고 '말의 힘 운동법'까지 실천하면 자녀에게 최고의 유산을 물려주는 꿈을 이루게 될 것입니다.

어렵거나 힘들지 않습니다. 매일 아침 거울을 보면서, 하루를 살아가면서 말의 힘이 떠오를 때마다 자신에게 긍정과 축복의 말을 들려주는 겁니다. 별도의 시간과 돈도 필요하지 않습니다. 큰소리로 하지 않아도 됩니다. 자신만 들을 수 있으면 충분합니다.

무엇보다 '말의 힘 운동법'이야말로 여러분의 미래를 밝게 해주고 육체의 건강을 유지시켜줄 수 있는 첫걸음임을 잊지 마세요.

서비스 현장에서의
말의 힘

일본의 유통업체를 방문해보면 상당히 인상적인 장면이 눈에 들어옵니다. 고객이 문을 열고 매장 안으로 들어가는 순간부터 나올 때까지 직원들이 수도 없이 "이랏샤이마세('어서 오세요'라는 일본말)"라고 인사하는 겁니다. 고객이 물건을 사든 사지 않든 상관없이 사람이 지나가기만 하면 으레 인사말을 외쳐댑니다.

이에 비교할 정도는 아니지만 우리나라의 유통업체들도 인사가 보편화되고 있습니다. 꾸준한 서비스 교육의 성과가 아닌가 싶습니다.

인사는 나를 향해

저는 서비스 현장에서 말의 힘을 적용할 수 있는 부분이 인사라고 생각합니다. 인사말에 부정적인 말은 없습니다. 가령 매장을 찾은 고객에게 "바쁘니까 용건만 말해보세요", "얼른 꺼지세요", "재수없네요"라고 인사하는 직원이 있을까요? 인사말은 언제나 활기차고 긍정적입니다. "좋은 하루 되십시오", "감사합니다", "반갑습니다"처럼 말이지요.

외국인들의 인사말 중에 '하이(Hi)'가 있습니다. 이 간단한 한마디가 왜 그들의 인사말이 되었을까요? 바로 말에 담긴 활기찬 에너지 때문일 것입니다. 만나는 사람끼리 웃는 얼굴로 "하이"라고 외치면 분위기는 금방 생기가 넘칩니다. 이렇게 인사말에는 자신뿐만 아니라 듣는 사람의 기분도 좋아지게 만드는 마력이 담겨 있습니다.

하지만 이렇게 밝고 활기찬 인사도 마음 상태에 따라 달라지는 경우가 있더군요.

B씨는 평소 고객에게 인사 잘하기로 소문난 직원이었습니다. 그런데 그날따라 바쁘게 일하다 보니 지나치는 고객에게 인사를 제대로 하지 못했습니다. 그러자 매장을 순회하던 관리자가 소리를 질렀습니다.

"고객이 지나가는데 왜 인사를 안 하세요?"

부끄럽고 억울한 마음에 '에이, 재수없어'라는 생각이 들었습니다.

이런 마음으로 인사를 하면 밝고 활기차게 인사할 수 있을까요? 인사는 누가 시켜서 하면 짜증이 납니다. 오래가지도 않습니다.

그러면 어떻게 해야 할까요? 우리도 감정이 있고 항상 기분이 좋을 수만은 없는데 말이죠.

제가 고민 끝에 마련한 해법이 하나 있습니다. 누가 시켜서가 아니고 고객을 향해서도 아닌 자신을 향해서 자신의 건강을 위해서 인사하면 어떨까요?

이미 우리는 긍정적인 말과 에너지가 어떤 힘을 발휘하는지 잘 알고 있습니다. 내가 긍정적인 마음으로 고객에게 인사를 한다면 그 인사는 분명 고객에게 긍정적인 영향을 끼칠 것입니다. 고객의 몸속 밥알을 하얗게 만들어주었다는 뜻이지요. 그러면 나는 어떨까요? 내가 열 명의 고객에게 긍정적인 말로 인사를 했다면 그 말을 나는 열 번 들은 것입니다. 따라서 나의 몸속에 있는 밥알 열 개가 하얗게 바뀌었겠죠? 좀 억지스럽기는 하지만 앞에서 살펴본 실험 결과를 떠올린다면 전혀 근거 없는 허무맹랑한 이야기도 아닙니다.

생각만 조금 바꾸면 인사하는 마음과 자세가 이전과는 전혀 달라질 수 있습니다. 이제까지 모든 인사는 고객을 향해 해왔을 겁니다. 그러나 지금부터는 인사를 고객이 아닌 자기 자신을 향해 해보시기를 바랍니다. 인사말의 밝고 긍정적인 에너지가 자신의 건강에 좋은 영향을 줄 것이라는 믿음을 갖고 말이지요.

동네 공원을 한 바퀴 돌면서 운동하는 마음으로, 수영장에서 한 시간 수영한다는 자세로, 내 몸속의 밥알들, 즉 장기들이 분명하게 들을 수 있도록 큰소리로 활기차게 인사하는 겁니다. **인사는 그 누구를 위함이 아니라 나 자신의 몸과 마음을 건강하게 하는 비결임을 깨닫는다면 누군가에게 보이려고 억지로 인사하는 일은 없을 것입니다.**

그런 의미에서 자신에게 밝고 활기차게 인사해볼까요?
"반갑습니다. 감사합니다. 사랑합니다. 즐거운 하루 되십시오."

스트레스를 줄여주는 말의 힘

서비스 현장에서 말의 힘을 적용할 수 있는 또 다른 경우가 있습니다. 판매를 비롯한 음식, 관광, 간호 등의 접객 서비스를 하는 곳이라면 어디서나 우리를 힘들게 만드는 고객을 만날 가능성이 있습니다.

이미 우리는 서비스 교육을 통해 이런 고객을 대하는 방법을 잘 배워왔습니다. 아마 '끝까지 참는다'가 주된 방법이었을 것입니다. '어떤

긍정적인 말 한마디로
행복지수가 올라갑니다.

상황에서도 고객은 옳다'는 이유와 함께요. 왜냐하면 고객과 싸워 이길 수 없기 때문입니다. 명백히 고객의 과실, 억지, 무례함이 있음에도 불구하고 그들 앞에서 우리는 끝까지 친절하게 응대해야 합니다. 이는 서비스의 기본 상식입니다.

하지만 이런 일을 겪고 난 후의 마음은 어떻습니까? 스트레스와 화가 쌓입니다. 표현하기 어려울 정도로 마음이 피폐해지기도 합니다. 스마일마스크증후군, 감정노동이 시작되는 것이지요.

어느 가게의 주인이 "장사꾼의 똥은 개도 안 먹는다"고 했을 정도로 감정노동으로 인한 스트레스는 아주 심각합니다. 처음에는 무식한 소리라고 생각했는데 되새겨볼수록 틀린 말이 아님을 알겠더군요. 스트레스와 화가 섞여 나온 배설물이니 개도 써서 안 먹는다는 뜻이 아니겠습니까?

감정노동으로 쌓인 스트레스를 푸는 방법은 사람에 따라 두 가지 유형으로 나뉩니다. 하나는 자신의 처지를 한탄하며 한숨 섞인 말로 푸념을 늘어놓는 경우입니다. 다른 하나는 떠나간 고객을 향해 온갖 저주의 말을 퍼부어대면서 마음속 화를 풀어놓는 경우입니다.

그런데 더 큰 문제가 있습니다. 고객에게 시달리며 극한의 스트레스를 받으면 우리 몸은 이미 좋지 않은 상태가 됩니다. 이런 상태에서 또 한 번 푸념과 저주의 말들을 쏟아내면 우리의 몸속 밥알들은 또 한 번 새까맣게 변할 것입니다. 우리 몸이 이중으로, 아니 그 이상으로 피해를 입는 안타까운 상황에 놓이게 되지요.

저는 지속적으로 서비스의 주체는 고객이 아닌 자신이 되어야 한다고 말씀 드리고 있습니다. 그까짓 객체 때문에 소중한 주체인 자신이 영향을 받아서야 되겠습니까? 드디어 말의 힘을 사용할 때가 된 겁니다.

고객이 한참 동안 나를 흔들어대고 떠났다고 가정합시다. 당연히 나는 좋지 않은 영향을 받았겠지요. 여기까지는 서비스 직종에서 근무한다면 어쩔 수 없이 맞닥뜨리는 상황일 수 있습니다. 이때 푸념과 저주의 말이 아니라 긍정적인 말과 축복의 말로 상황을 반전시키면 어떻겠습니까?

"잘 참으셨습니다. 멋지게 해결하셨군요. 이제 좋은 고객들만 만날 겁니다. 역시 나는 멋진 사람입니다."

물론 마음이 무겁고 화가 난 상태에서 이런 말을 스스로에게 한다는 건 쉬운 일이 아닙니다. 하지만 나의 건강한 미래를 위해, 부모로서 자녀들에게 물려줄 건강한 몸을 위해 못 할 이유도 없습니다. 말의 힘을 통해 건강에 악영향을 끼치는 감정노동의 상황들을 지혜롭게 극복해보자는 겁니다.

그래도 마음의 화가 잘 다스려지지 않는다면 막스 에르만의 시 〈한 친구에 대해 난 생각한다〉를 읽어보십시오.

한 친구에 대해 난 생각한다
어느 날 나는 그와 함께 식당으로 갔다
식당은 손님으로 만원이었다

주문한 음식이 늦어지자
친구는 여종업원을 불러 호통을 쳤다
무시를 당한 여종업원은
눈물을 글썽이며 서 있었다
그리고 잠시 후 우리가 주문한 음식이 나왔다

난 지금 그 친구의 무덤 앞에 서 있다
식당에서 함께 식사한 것이
불과 한 달 전이었는데
그는 이제 땅속에 누워 있다
그런데 그 10분 때문에 그토록 화를 내다니.

[류시화 번역]

《내 인생에 힘이 되어준 한마디》의 저자 정호승 시인은 분노가 가라앉지 않을 때 이 시를 읽어보라며 소개하고 있습니다.

스트레스와 분노는 사람들이 느낄 수밖에 없는 감정 중의 하나입니다. 이러한 감정들은 내 몸에 머무르게 해서는 안 됩니다. 보통의 사람들은 이런 감정들이 생기면 욕설이나 저주의 말을 내뱉습니다. 그런데 부정적이고 저주의 의미가 섞인 말들은 말하는 순간에만 끝나는 것이 아니더군요. 공지영은 《네가 어떤 삶을 살든 나는 너를 응원할 것이다》에서 딸에게 이렇게 쓰고 있습니다.

> 언젠가 엄마가 그랬지. 욕설은 아무리 하찮은 의미로라도 하지 말라고. 네가 한 거친 말들이 사라지지 않고 이 지구 위를 떠돌다가 나무에게도 냇물에게도 눈송이에게도 내려앉아 스며들지 않느냐고 말이야. 우리는 그 나뭇잎이 길러낸 과일을 먹고, 그 물을 마시고 그럴지도 모른다고. 그때 너는 어린아이처럼 약간 겁을 먹은 채로 입을 다물었어. 엄마로 말하자면 겁을 주려던 것은 아니었어. 진짜 그런 생각을 하면서 살았으니까 말이야.

겁을 주려던 이야기는 아니었다지만 무서운 생각이 들었습니다. 우리가 쓰고 있는 말의 중요성을 단적으로 보여주는 이야기입니다. 말을 눈에 보이지 않는 것으로 생각하지 않고 실체가 있는 사물이라고 말한 사람도 있습니다. 미국의 베스트셀러 작가이며 퓰리처상을 수상한 마야 안젤루(Maya Angelou)가 주간지 〈유에스에이(USA)〉와 인터뷰한 내용입니다.

"확신하건대, 말은 사물이다. 우리는 감히 단순한 기계장치로 그 존재를 측정할 수 없다. 말은 실체가 있는 사물로 결코 허상의 존재가 아니다. …… 말이 몸속으로 들어간다. 그래서 우리를 건강하게 하고 희망적으로 만들고 행복하게 하고 에너지를 높이고 놀랍게 하고 재미있게 하고 그리고 명랑하게 만들어준다. 혹은 우리를 의기소침하게 만들 수도 있다. 말은 우리 몸속으로 들어와 우리를 우울하게 하고 못마땅하게 하고 화나게 하고 마침내는 아프게 한다."[5]

말은 살아 있습니다. 때로는 나무에 냇물에 눈송이에도 스며듭니다. 또 너무나 당연하게도 우리 몸속에 스며들어 우리를 아프게도 할 수 있는 엄청난 힘을 갖고 있습니다. 우리가 말을 함부로 해서는 안 되는 중요한 이유입니다.

저는 '나를 향하는 서비스'를 위한 첫걸음인 말의 힘을 이야기하며 두 가지를 제안했습니다. 하나는 매장에서 고객에게 인사하지 말자는 것입니다. 자기 자신에게 인사하십시오. 그렇다면 굳이 고객이 지나가지 않아도 됩니다. 고객이 없어도 긍정적인 인사말을 찾아 자신에게 인사해보십시오. 긍정적인 말은 내 몸속으로 스며들어 삶 자체를 밝고 건강하게 바꾸어줄 것입니다.

다른 하나는 어쩔 수 없이 겪게 되는 스트레스와 감정노동의 상황을 말을 통해 활기 넘치는 상태로 역전시켜보는 것입니다. 고객으로 인해 이중 삼중의 나쁜 영향이 나의 몸과 삶을 지배하게 내버려두지 마십시오. 어느 대뇌학자는 뇌세포의 98%가 말의 지배를 받는다는 연구결과를 발표하기도 했습니다.

'나를 향하는 서비스'의 전제조건 첫 번째 '말의 힘'으로 서비스의 주체를 고객에서 나로 완전히 바꿀 수 있기를 바랍니다. 그 첫 단추로, 지금 같이 외쳐볼까요?

"감사합니다!"
"사랑합니다!"
"잘될 겁니다!"
"좋은 일만 생길 겁니다!"

친절한 말에 내재된 힘은…[6]

우리가 세상에 절망할 때 힘을 준다

우리가 이룬 것을 명예롭게 해준다

웃을 수 있게 해준다

인간의 선함에 대한 믿음을 되찾게 한다

우리의 자아정체성을 높여준다

우리가 최선을 다할 수 있도록 용기를 준다

사기를 높인다

가슴이 따뜻해진다

기분이 좋아진다

상처를 치유한다

노고를 알아봐준다

우리 내면에서 최선을 이끌어낸다

자신감을 준다

힘든 시기에 지탱하게 해준다

승리를 축하해준다

슬플 때 우리를 위로해준다

우리 스스로가 중요한 존재라는 느낌을 준다

우리가 스스로를 믿도록 도와준다

조금 더 분발해야 할 때 용기가 되어준다

폭발하는 에너지를 준다

감사를 전한다

뜻밖의 시기에 깜짝 놀랄 기쁨을 준다

소중한 교훈을 가르쳐준다

가장 암울한 시간에 우리를 지탱하게 해준다

우리가 존중받을 자격이 있는 존재임을 깨닫게 해준다

감사받는 존재인 이유들을 지적한다

다른 사람들이 우리를 신뢰한다는 것을 보여준다

우리의 날들을 밝혀준다

우리의 삶을 윤택하게 해준다

1. 입버릇처럼 항상 해야 할 긍정적인 말 5가지를 적어봅시다.

예) 감사합니다, 잘될 겁니다, 문제없습니다

1)

2)

3)

4)

5)

(다 쓰셨다면 크게 외쳐보십시오.)

2. 오늘 내가 긍정적인 말을 건넬 다섯 사람을 떠올려봅시다.

예) 사랑하는 아들

1)

2)

3)

4)

5)

3. 내일 아침에 일어나서 거울을 보며 자신에게 해줄 말을 적어봅시다.
 예) 기쁘다, 바쁘다, 예쁘다(석봉토스트 김석봉 사장), 만세 삼창

나를 향하는 서비스
전제조건
02

아름답게 마음쓰기

세상을 아름답게
하는 방법

걱정과 염려 없이 살아가는 사람이 있을까요? 누구든 걱정이나 염려 하나쯤은 가슴에 품고 삽니다. 당신은 어떤가요? 혹시 인류의 평화나 세상을 아름답게 할 수 있는 방법을 생각하느라 걱정하고 있지는 않나요?

무슨 허황된 이야기냐고 하시겠지만 저는 그런 걱정을 하며 살고 있습니다. 밤에 잠을 못 잘 지경입니다. 비웃음이 들려오는 것 같군요.

저는 서비스의 새로운 패러다임인 '나를 향하는 서비스'를 이야기하면서 때로는 허황되고 말도 안 되고 억지로 짜 맞춘 듯한 이야기를 하겠다고 말씀 드린 적이 있습니다. 예, 그렇습니다. 제가 어떻게 인류 평화나 세상을 아름답게 하는 방법을 생각하면서 밤을 지새우겠습니까?

이렇게 말도 안 되는 이야기로 시작하는 이유는 '나를 향하는 서비스'의 두 번째 전제조건인 '아름답게 마음쓰기'에 대해 말씀 드리기 위해서입니다. 아름답게 마음쓰기는 우리의 말과 행동 그리고 표정만으로도 세상을 아름답고 살 만한 곳으로 만들 수 있다는 믿음에서 시작되었습니다.

1분의 미학

가끔 길을 가다 보면 연로한 어르신들이 유모차나 보조기구에 몸을 의지해 걷고 있는 모습을 볼 수 있습니다. 이렇게 보조기구에 의지해 길을 걷던 노인 한 분이 횡단보도를 건너다 그만 도로 중앙에서 신호가 바뀌는 바람에 앞으로도 뒤로도 갈 수 없는 난감한 처지가 되었습니다. 노인은 어쩔 줄 몰라 안절부절못하고 있었습니다. 당신이라면 이 상황에서 어떻게 하시겠습니까?

어떤 운전자는 경적을 시끄럽게 울릴지도 모릅니다. 또 어떤 사람은 차 창문을 내리고 노인에게 악담을 퍼부을 수도 있습니다. 그런데 그때 한 운전자가 자신의 차에서 내려서 노인의 손을 잡고 안전하게 길을 건너게 해준 뒤 자신이 가던 길을 갑니다. 참으로 멋진 이 장면은 외국의 어느 차량 블랙박스에 찍힌 영상의 내용입니다.

이 영상을 본 사람들은 어떤 생각을 했을까요? 저는 '마음이 참 따뜻한 사람이다', '세상은 아직 살 만한 곳이다'라는 생각을 품게 되더군요. 이와 비슷한 내용의 사진을 몇 장 보겠습니다(88쪽).

88쪽의 사진은 수년 전 공익광고협의회에서 제작한 TV 광고물의 영상을 캡처한 것입니다. 영상은 한 직장인이 출근을 위해 집을 나서서 퇴근할 때까지의 행동을 따라가고 있습니다.

주인공은 신문배달원이 떨어뜨린 신문을 대신 던져주고, 횡단보도에서 거동이 불편한 어르신을 부축해 함께 길을 건넙니다. 붐비는 버스 안에서 여학생을 위해 대신 벨을 눌러주고, 오후에는 피곤해하는 직장 후배에게 "힘들지?"라고 격려하며 커피를 건넵니다. 이렇게 하는 데 걸린 시간은 1분. 광고는 주인공의 따뜻한 마음에서 비롯된 행동들을 보여준 뒤 이런 카피로 마무리합니다.

'세상을 아름답게 하는 시간, 하루 1분이면 충분합니다.'

광고의 주인공이 하루 동안 다른 사람을 위해 베푼 시간을 모두 합쳐보니 1분이라는 겁니다. 이 카피에서 제가 주목한 문구는 바로 '세상을 아름답게'입니다. 영상 속의 주인공이 어떤 행동을 했기에 '세상을 아름답게'라는 거창한 표현을 쓴 걸까요? 또 영상을 보는 시청자 역시

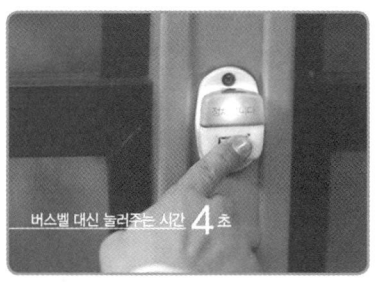

마음이 따뜻해지는 이유는 무엇일까요?

저는 모두(冒頭)에 조금은 허황되지만 '인류 평화'와 '어떻게 하면 세상을 아름답게 할 수 있을까?'라는 고민을 한다고 말했습니다. 허무맹랑해 보였던 제 고민의 의미를 이제 짐작하셨을 겁니다.

세상을 아름답게 만드는, 어찌 보면 작은 행동들은 어디에서 시작되는 걸까요? 바로 그 사람의 마음입니다. 마음이라는 그릇에 무엇이 담겨 있느냐에 따라 사람의 행동은 좌우됩니다.

요즘에는 성형수술이나 운동을 통해 외모를 멋지게 꾸미려는 사람들이 아주 많아졌습니다. 그에 비해 마음을 가꾸는 데는 상대적으로 관심이 덜한 것 같아 안타깝습니다. 그러나 이런 현상은 맹자가 살던 2300여 년 전에도 있었나 봅니다. 맹자는 〈고자(告子)〉 편에서 이렇게 말하고 있습니다.

'사람이 닭이나 개를 잃어버리면 곧 찾으려 하는데, 잃어버린 마음은 찾을 줄 모른다. 학문의 도는 다른 것이 아니다. 그 잃어버린 마음을 찾는 것뿐이다.'[1] (人有鷄犬放 卽之求之 有放心 而不知求 學問之道無他 求其放心而已矣)

이것이 바로 그 유명한 맹자의 구방심(求放心, '흩어져 달아나는 마음을 모은다'는 뜻)입니다. 사람에게 마음을 지키는 것이 얼마나 중요한지를 가르쳐주고 있습니다. 《나를 지켜낸다는 것》의 저자 팡차오후이(方朝暉)

는 맹자의 구방심을 설명하며 이렇게 덧붙입니다.

"맹자는, 지갑이나 휴대전화보다 1만 배 더 귀중한 물건을 잃어버렸는데 몇 년이 됐는지도 모르고 여태껏 그것을 찾으려고 한 적이 없다는 사실을 깨우치려 하는 것입니다. 그 물건이 바로 마음입니다."

맹자는 또 무명지(無名指)의 비유를 들어 마음의 중요성을 가르치기도 했습니다. 손가락의 무명지(가운뎃손가락과 새끼손가락 사이에 있는 넷째 손가락)가 굽어 있다면 사람은 집을 팔아서라도 의원을 찾아 굽은 손가락을 고치려 할 것입니다. 맹자는 '정작 자기 마음이 굽어 있는데 왜 고치려 하지 않느냐?'고 지적하는 거죠.

두 개의 컵

두 개의 컵이 있습니다. 만약 당신이 컵이라면 어느 쪽 컵이 되시겠습니까?

너무 뻔한 질문인가요?

컵은 음료나 간단한 음식을 담아서 먹는 데 사용됩니다. 무엇을 담아서 먹으려면 컵은 어떠해야 할까요? 당연히 깨끗해야 합니다.

어떻습니까? 진심으로 당신은 어느 쪽 컵이 되고 싶으신가요? 위의 사진은 외모를 어떻게 꾸미는가보다 마음에 무엇을 담고 있는지가 훨씬 중요하다는 사실을 보여주려고 연출한 사진입니다.

사람의 마음을 그릇에 비유하곤 합니다. 사람은 모두 큰 그릇이 되길 원합니다. 저도 마찬가지입니다. 그러나 중요한 것은 그릇의 크기가 아닙니다. 그릇이 깨끗한지가 훨씬 더 중요합니다. 파울로 코엘료는 《연금술사》에서 마음의 중요성에 대해 이런 말을 했습니다.[2]

"어째서 우리는 자신의 마음에 귀를 기울여야 하는 거죠?"
"그대의 마음이 가는 곳에 그대의 보물이 있기 때문이지."

저는 맹자의 구방심처럼 잃어버린 마음을 되찾고 그 마음을 아름답게 가꾸어보자는 의미로 세 가지 행동지침을 제안합니다. 그것은 작은 행동과 표정 그리고 말로써 세상을 아름답고 살 만한 곳으로 만들 수 있는 방법입니다.

- **고수 됩시다.**
- **부자 됩시다.**
- **베풀며 삽시다.**

신체 성형은 성형외과 의사만이 할 수 있는 고도로 전문화된 기술입니다. 하지만 마음 성형은 자신의 노력으로 충분히 마음을 아름답고 예쁘게 변화시킬 수 있습니다. 세 가지 행동지침에 대해 하나씩 살펴보겠습니다.

인생의 고수가 됩시다

중국 전국시대 때의 장의(張儀)와 소진(蘇秦)에 관한 이야기입니다. 장의와 소진은 유명한 합종연횡(合從連橫)이라는 정치적 책략을 만드는 데 중심이 되었던 인물들입니다.

이들은 귀곡선생(鬼谷先生)을 스승으로 모시고 어린 시절부터 동문수학한 절친한 친구 사이였습니다. 장성한 후 소진은 조나라로 건너가 벼슬자리에 오릅니다. 그런 소진에 비해 장의는 가난했고 사람들의 모함으로 도둑으로 몰려 매질을 당하기도 합니다.

고민 끝에 장의는 소진에게 도움을 청하고자 조나라를 찾습니다. 그러나 소진은 자신을 찾아온 장의를 만나주지도 않고 초라한 밥상을 내

놓으며 모욕을 줍니다. 장의는 친구의 외면에 분개하며 밥상을 뒤엎고 진나라로 떠납니다. 장의가 떠나자 소진은 급히 하인을 불러 돈을 건네면서 장의의 뒤를 따라다니며 그가 성공할 때까지 곁에서 도움을 주도록 지시를 내렸습니다. 하인은 자신의 신분을 끝까지 숨긴 채 소진의 명령을 충실히 이행합니다.

소진에게 모욕을 당하고 복수의 마음을 품게 된 장의는 학문에 정진합니다. 결국 위나라를 치는 공을 세워 진나라의 재상에 오릅니다. 장의가 재상에 오르자 그동안 부자 행세를 하며 장의를 돕던 하인은 작별인사를 합니다. 장의가 떠나는 하인의 손을 잡고 은혜에 감사하자 하인은 이렇게 말합니다.

"은혜를 갚으시려거든 소진 어른께 갚으십시오. 저는 그분의 분부를 따랐을 뿐입니다."

장의는 그제야 자신에게 모욕을 준 친구의 깊은 뜻을 이해할 수 있었습니다. 소진은 눈앞의 도움보다는 한 수 더 멀리 바라봄으로써 친구가 성공할 수 있는 기회와 동기를 제공했던 겁니다. 만일 장의가 소진을 찾아왔을 때 도움을 주었다면 장의는 성공에 대해 절박한 마음을 품지 못했을 것입니다.

살다 보면 남들보다 한 수 더 멀리 바라볼 줄 아는 지혜로운 사람들을 종종 만나게 됩니다. 이런 사람들을 보면 '어떻게 저런 생각을 할 수 있을까?'라는 부러운 마음이 들곤 하는데요. 일본 역사상 가장 이름이 높은 장수의 한 사람인 이시다 미쓰나리(石田三成) 역시 그런 사람입니다.

미쓰나리는 어린 시절 간온지(觀音寺)라는 절에서 일을 했습니다. 미쓰나리가 열세 살이었을 때 도요토미 히데요시(豊臣秀吉)를 이 절에서 처음 만났다고 하는데요. 이때의 상황이 참으로 흥미로워 들려드립니다.

어느 날 간온지 근처를 지나던 도요토미 히데요시가 이 사찰에 들어와서 차를 한 잔 달라고 청했다. 어린 이시다 미쓰나리는 정성스럽게 그를 맞이하며 차를 대접했다. 그런데 차를 대접하는 이시다 미쓰나리의 행동이 조금 독특했다. 처음에는 커다란 잔에 따뜻한 차를 내오더니 두 번째에는 중간 정도 크기의 잔에 조금 뜨거운 차를 따라주는 것이었다. 열세 살짜리 어린 시동(시중드는 아이)의 행동을 의아하게 생각한 도요토미 히데요시는 차를 한 잔 더 달라고 했다. 미쓰나리는 이번엔 작은 잔에 뜨거운 차를 준비해 내놓았다.

도요토미 히데요시가 세 잔의 차를 모두 다른 크기의 잔과 다른 온도로 내놓은 이유에 대해 묻자 이시다 미쓰나리는 이렇게 대답했다.

"처음에 큰 잔에 따뜻한 차를 대접한 것은 목이 마른 듯 해 빨리 마실 수 있도록 적당한 온도에 양을 많이 한 것이고, 두 번째에는 이미 목을 축였으니 차의 향내를 맡을 수 있도록 양을 줄이고 조금 뜨거운 물에 차를 우린 것이며, 세 번째에 뜨거운 차를 작은 잔에 따라 드린 것은 차를 두 잔이나 마셔 충분히 목을 축였을 것이기에 온전히 차의 향만을 음미할 수 있도록 하기 위해서였습니다." [3)]

이시다 미쓰나리의 사려 깊은 마음에 감동한 도요토미 히데요시는 그 자리에서 그를 자신의 수하로 삼았다.

이시다 미쓰나리의 지혜가 참으로 대단합니다. 제가 도요토미 히데요시였어도 같은 마음이었을 것입니다(이시다 미쓰나리는 임진왜란 당시 행주에서 권율 장군에게 대패하고 일본으로 돌아갔다고 합니다).

인생의 고수란?

흔히 고수(高手)는 어떤 분야나 집단에서 뛰어난 기술이나 능력을 가진 사람을 말합니다. 즉 일정한 경지에 오른 사람을 의미하는데요. 앞서 살펴본 소진과 이시다 미쓰나리에게서도 다른 사람들이 미처 생각하지 못한 것들을 생각해내고 행동으로 옮긴 고수의 지혜를 엿볼 수 있습니다. 이렇게 타인에 비해 바라보는 시야가 넓고 생각이 깊은 사람들을 '인생의 고수'라 부릅니다. 우리 모두 인생의 고수가 되어 삶을 좀 더 여유 있고 지혜롭게 살았으면 하는 바람입니다.

'나를 향하는 서비스'를 이야기하다 난데없이 고수를 들먹여서 뜬금 없다고 느끼실 수 있겠습니다. 하지만 인생의 고수가 된다는 것은 감정노동의 현장에서 나를 지켜내는 훌륭한 무기(심리학적 용어로 '자기방어기제')가 될 수 있습니다. 그 이유를 알아보기 전에 먼저 99쪽의 그림을 보시죠.

지금이야 대부분의 농촌도 도시화가 진행되어 낯설어졌지만, 예전에는 마을마다 어렵지 않게 볼 수 있었던 장면입니다. 이 그림에는 신선처럼 보이는 두 노인이 바둑을 두고 있는데요. 점심내기입니다. 바둑이 점점 막바지로 흘러가자 수세에 몰린 노인이 사정을 합니다.

"이보게, 한 수만 물러주시게."

"무슨 소린가, 한 수를 물러주면 내가 질 수도 있는데. 그렇게는 못하겠네."

상대 노인은 단호한 목소리로 거절을 합니다.

"한 수 갖고 뭘 그러시는가? 한 수만 물러주시게."

"아, 글쎄 안 된다니까!"

실랑이는 10분 가까이 계속됩니다. 급기야 화가 난 노인이 바둑돌을 집어 던집니다.

"치사한 노인네 같으니라고. 내 다시는 자네와 바둑을 두나 보세."

"흥, 나도 마찬가지네. 점심값은 내놓고 가게!"

결국 바둑 한 수 때문에 오랜 친구 관계가 깨지고 말았습니다.

지금 이 시각에도 전국의 어느 기원에서는 이와 비슷한 일이 일어나고 있을지도 모르겠습니다. 만약 이 장면을 바둑의 고수인 이창호 씨나 이세돌 씨가 보았다면 어땠을까요?

다시 옆의 그림을 보겠습니다. 두 노인이 바둑을 두는데 그 뒤로 하인 한 명이 서 있습니다. 이 하인은 어르신들의 바둑 두는데 그 모습을 지켜보면서 어깨 너머로 바둑을 배웠습니다. 서당개 3년이면 풍월을 읊는다고 했나요? 놀랍게도 이 하인은 바둑 지능이 천재라고 할 만한 바둑의 고수였습니다. 흔히 고수란 하수에 비해 몇 수 앞을 볼 수 있다고 합니다. 물론 상대에 따라 달라지겠지만 적게는 서너 수에서 많게는 십여 수까지 앞서 볼 수 있다 하니 대단하다는 생각이 듭니다.

바둑의 고수였던 하인은 한 수 때문에 친구관계가 깨지는 모습을 보면서 안타까운 마음이 들었습니다. 하인은 바둑돌을 집어 던진 노인의 입장에서 생각합니다.

'아니, 굳이 무르지 않고 바둑돌을 여기에 두고 또 저기에 두면 충분히 이길 수 있는데… 저렇게 바둑돌을 집어 던지지 않아도 될 텐데…'

물론 몇 수를 앞서 보는 고수이기 때문에 가능한 생각입니다. 하인

이들 중에서
진짜 고수는 누구일까요?

은 이번에는 끝까지 물러주지 않은 노인의 입장에서 생각합니다.

'이미 대세가 자기 쪽으로 기울어져서 한 수가 아니라 서너 수를 물러주어도 충분히 이길 수 있는데….'

고수의 입장에서 볼 때 한 수 때문에 싸우는 두 신선이 얼마나 안타까웠을까요?

우리가 살아가면서도 이처럼 고수와 하수는 확연한 차이를 드러냅니다. 작은 일에도 흥분하고 화를 내며 싸우려 드는 사람들을 주위에서 쉽게 볼 수 있습니다. 세상이 점점 각박해지고 있다는 소리도 들려옵니다. 학교폭력은 날로 심각해져서 아이들을 키우기가 무서운 세상이 되었습니다. 거리에서는 별것도 아닌 일에 핏대를 올리며 자기주장을 펼치는 사람들이 종종 눈에 띕니다. 다른 차가 앞에 끼어들려 하면 사정없이 경적을 울려대고, 식당에서 자신보다 늦게 온 사람의 음식이 먼저 나오기라도 하면 냅다 소리를 질러댑니다. 한 걸음만 물러서고 조금만 멀리 바라보면 아무것도 아닌 일에 우리는 너무 쉽게 흥분하고 화를 냅니다.

몽골 사람들의 시력이 좋다는 것은 익히 알려진 사실입니다. 그들의 시력은 대부분 3.0 이상이라고 하는데요. 이는 항상 광활한 평원에서 멀리 보면서 살기 때문에 가능한 일입니다. 그들의 사냥 방식은 잘 훈련된 독수리를 사용하는 것이라고 합니다. 하늘을 날던 독수리가 짐승을 낚아채면 몽골인들은 그 짐승을 향해 뛰어갑니다. 이런 사냥 방식이 항상 멀리 바라보는 훈련을 하게 해준 겁니다. 이처럼 사람의 눈도 훈련을 통해 얼마든지 좋아질 수 있습니다.

그렇다면 사람들 간의 관계에서 한 수 더 멀리 보는 고수가 되는 것 역시 훈련을 통해 가능하지 않을까요?

영화 〈죽은 시인의 사회〉에서 키팅 선생이 제자들이 보는 데서 책상 위로 올라가는 장면은 상당히 인상적이었는데요. 학생들에게 세상을 높게 멀리 보라는 가르침을 주기 위함이었을 것입니다. 키팅 선생이 교실을 떠나는 날, 학생들이 모두 책상 위로 올라가 그를 배웅하는 모습은 두고두고 기억에 남습니다.

고객은 어린 아기

서비스 현장에서도 높고 멀리 바라보는 고수의 시야가 필요합니다. '고객은 왕'이라고 외쳐대지만 실제 왕과 같은 고객은 그렇게 많지 않습니다.

여기에서 우리는 이제까지 배우고 알아오던 고객에 대한 인식을 바꿀 필요가 있습니다. '고객은 왕이 아니다'라는 겁니다. 현장에서 접객을 하다 보면 고객은 오직 자신에게만 관심 갖기를 원하는 어린 아기와 같은 경우가 훨씬 많다는 사실을 발견하게 되는데요. 이런 점에서 저는 '고객은 어린 아기'라고 말하고 싶습니다.

아기는 배가 고프거나 기저귀가 젖어 불편할 때, 혹은 아플 때면 장소와 시간, 상황에 상관없이 울어댑니다. 그러면 엄마는 달려가 아기가 무엇 때문에 우는지를 살피고 그에 맞는 대처를 해주지요. 아기는 금세 울음을 그치고 만족한 웃음을 지어 보입니다. 고객들도 마찬가지 아니던가요?

고객이 길게 늘어선 식품 매장의 계산대에서 계산원이 바쁘게 계산을 하고 있는데 갑자기 계산을 마친 고객이 소리를 지릅니다.

"아니, 아가씨! 우유 가격이 이게 뭐야? 가격표에는 2100원이라고 적혀 있었는데 2130원이 찍혔잖아!"

30원 때문에 소리를 지르며 자신의 문제를 해결해달라고 보채는 사람이 고객입니다. 엄마의 상황을 전혀 고려하지 않고 울어대는 아기와 별반 차이가 없습니다.

그런데 아주 가끔씩 어린 아기와 같은 고객과 목청을 높여가며 싸우는 직원을 볼 때가 있습니다. 아기에게 어떤 문제가 생겨 울고 있는데도 관심 없이 자신의 일만 계속하는 무심한 엄마나, 우는 아기에게 시끄럽다고 소리를 질러대는 나쁜 엄마도 가끔은 있더군요. 경우 없는 고객을 '어린 아기' 혹은 '하수'라는 말로 바꿔본다면 이런 어린 아기나 하수와 싸우는 나 역시 똑같은 사람이 될 뿐입니다.

"있는 힘을 다해 벽을 밀면 그 벽도 똑같은 힘으로 널 밀어내고 있다는 걸 느낄 수 있을 거야. 네가 힘을 가하면 가할수록 벽도 똑같은 힘으로 밀어내려고 한단다. 해결책은 바로 네 손을 벽에서 떼어낼 때 생겨. 그러면 벽이 밀어내려는 힘도 사라지게 되니까 말이야."

(출처:로엠메르스(A. G. Roemmers)의 《어린 왕자 두 번째 이야기》)

맨손으로 벽을 쳐본 적이 있으십니까? 손만 다치고 맙니다. 온갖 미사여구를 동원해서 벽을 설득시킬 수 있을까요? 어리석은 행동일 뿐입니다. 맨손으로 벽을 무너뜨리겠다거나, 말로 벽을 설득시키겠다는 사람을 본다면 어리석은 사람이라며 비웃을 겁니다. 하지만 우리도 고객이라는 벽 앞에서 똑같은 행동을 하고 있을지도 모릅니다. 영국 속담에 '화를 낼 줄 모르는 사람은 바보고, 화를 내지 않는 사람은 현명한 사람이다'라는 말이 있습니다. 말이 통하지 않는 고객을 만나면 화가 날 수밖에 없지만 이런 상황에서 고수는 벽에서 손을 뗍니다. 아무리 벽을 밀고 손으로 쳐보아도 결국 다치는 것은 자신이라는 사실을 알고 있기 때문입니다.

다시 말하지만, 고객에 대한 개념을 바꿔봅시다. '고객은 왕이다'라는 패러다임부터 바꿔봅시다. 지금 이 순간부터 **'고객은 어린 아기다'**, **'고객은 하수다'**라고 생각하면 어떻겠습니까? 고객이 왕이면 직원은 신하가 됩니다. 그런데 고객이 어린 아기라면 직원은 엄마 혹은 보호자가 됩니다. 아기가 울든 말든 상관하지 않고 자기 일만 하는 엄마는 없습니다. 엄마가 아기의 불만을 해결해주는 것은 아주 당연한 일입니다. 고객이 자신의 문제를 해결해달라고 소리를 지르며 어린 아기처럼 보챌 때 그들을 달래고 어르는 엄마의 심정이 되면 그들을 바라보는 마음부터 달라질 것입니다.

고객이 하수면 직원은 고수입니다. 하수의 경우에 어긋나는 행동에도 여유 있게 대처할 수 있으려면 고수가 되면 됩니다. 이제부터는 고객을 대할 때 신하가 아닌 엄마로서 혹은 고수로서 마음의 여유를 갖고 그들을 대하면 어떻겠습니까?

'논골 담길'은 동해 묵호항의 등대 아래로 펼쳐진 마을의 골목길 이름입니다. 이 마을이 유명해진 이유는 집집마다 벽에 그려진 그림 때문인데요. 우연히 이곳에서 인생의 지혜, 고수의 지혜를 알려주는 글을 발견할 수 있었습니다.

'지고 가자. 고단한 삶, 이기려 말고 실컷 지고 가자.'

우리는 자녀를 키울 때 '지는 게 이기는 거야'라고 가르칩니다. 양보하며 배려하는 인생의 고수로 성장하기를 바라기 때문이지요. 그런데 과연 우리는 지는 게 이기는 것으로 알고 살아왔는지 돌아볼 필요가 있습니다. 좋은 엄마는 아기의 보채는 소리, 울음소리에도 져줄 마음이 준비되어 있습니다. 하수의 어리석은 행동에도 현명하게 대처할 수 있어야 고수라고 말할 수 있습니다. 〈곰곰이 생각하다(Think it over)〉라는 시를 한 번 읽어보시죠.[4]

> 오늘날 우리는 높은 빌딩과 넓직한 도로를 가지고 있지만,
> 우리의 성정은 오히려 조급해지고 안목은 더욱 좁아졌다.
> 우리가 소모하는 것은 더 많아졌지만 누리는 것은 오히려 더 적어졌다.
> 우리의 집은 더 커졌지만 우리의 가정은 더욱 작아졌다.
> 우리는 타협하는 일이 많아졌지만 시간은 더욱 없어졌다.
> 우리는 지식을 더 많이 갖게 되었지만 판단력은 오히려 떨어졌다.
> 우리에게는 많은 약이 있지만 건강은 오히려 이전만 못하다.
> 우리는 더 많은 재산을 가지게 되었지만 가치는 오히려 더 떨어졌다.
> 우리는 말을 많이 하지만 사랑하는 마음은 오히려 줄어들고 원한은 더 많아졌다.

우리는 달을 왕복할 수 있지만 이웃에 한 걸음 내딛고 친해지기는 어려워졌다.

우리는 우주 공간을 정복할 수 있지만 자신의 마음속은 정복할 수 없다.

우리의 수입은 증가했지만 도덕은 오히려 땅에 떨어졌다.

우리 시대의 자유는 증가했지만 우리가 누리는 즐거운 시간은 줄어들었다.

우리는 더 많은 음식을 먹지만 섭취하는 영양은 오히려 떨어졌다.

오늘날 부부는 맞벌이로 두 배의 수입을 얻을 수 있지만 이혼율은 갈수록 늘어난다.

고객과의 싸움에서 이기는 수도 있을 겁니다. 그러나 많은 것을 얻었지만 또 많은 것을 잃어버린 요즘의 시대처럼 우리도 많은 것을 잃게 될지 모릅니다. 고객과의 싸움에서 내가 다치지 않으려면 그들의 보호자 또는 고수가 되어야 합니다. 그러기 위해서는 '고객은 왕'이라는 생각에서 '고객은 어린 아기' 혹은 '고객은 하수'라는 개념으로 인식을 바꿔야 합니다. 투정부리는 어린 아기에게 여유로운 마음을 갖고 몇 수를 멀리 보며 대할 수 있기를 바랍니다. 우리가 자녀를 키우면서 수도 없이 떠들어대던 '지는 게 이기는 거다'라는 말을 마음에 새기면서 말이지요.

"지고 가자. 고단한 삶, 이기려 말고 실컷 지고 가자!"

마음부자가 됩시다

설명이 필요 없는 동화 〈신데렐라〉, 마크 트웨인이 쓴 〈왕자와 거지〉, 관객 수 1200만을 넘긴 영화 〈광해, 왕이 된 남자〉. 이 작품들의 공통점은 무엇일까요? 물론 각각의 작품들이 말하려는 속뜻은 다르지만, 저는 평범한 사람들의 신분 상승 혹은 부자가 되고 싶은 욕망을 기반으로 만들어졌다는 점을 공통점으로 꼽습니다. '왕비가 되고, 왕자 혹은 왕이 되면 부유하고 행복한 삶이 펼쳐질 것'이라는 믿음이, 또 그렇게 되고 싶은 소망이 담긴 작품들이라는 겁니다. 세상에 부자가 되고 싶지 않은 사람이 있을까요? 평생 남부럽지 않게 살아보는 것은 인간의 가장 기본적인 욕구 중의 하나입니다.

부자의 기준

경제상황이 악화될수록 로또나 불법 인터넷도박이 호황을 누린다고 합니다. 오죽하면 신입사원 채용을 위한 서류전형에서 취미를 묻는 질문에 '로또 구입'이라고 적은 지원자가 있었을까요? 어떻게 되었냐고요? 당연히 탈락했죠. 쉽게 큰돈을 벌어서 지갑과 은행 잔고를 '빵빵'하게 하고 '떵떵'거리며 살고 싶은 마음은 이해하지만 올바르지 않은 방법으로 돈을 벌겠다는 사람을 곱게 보는 시선은 그리 많지 않습니다.

모든 사람이 부자가 되기를 원하지만 때로는 그렇게 갖고 싶었던 부(富)가 도리어 자신을 위협하는 경우를 종종 보게 됩니다. 우리나라를 넘어서 세계의 굴지 기업으로 꼽히는 모회사의 형제들도 재산 때문에 오랫동안 다투었다는 사실을 잘 알고 계실 겁니다. 형님의 재산이 1조, 동생의 재산이 11조라는데도 말이지요. 사회적으로 큰 성공을 거두고 사람들에게 존경받던 인사들이 청문회를 거치는 과정에서 부끄러운 치부(致富)가 드러나면서 그때까지 쌓았던 명예가 땅에 떨어지는 경우도 자주 보았습니다. 일확천금을 통해 부자가 되려는 꿈도 마찬가지입니다. 인터넷 검색창에 '복권 당첨자 결말'이라고 입력해 검색을 해보십시오. 막장드라마와 같은 사례들로 넘쳐납니다. '평범하게 사는 게 행복'이라는 말이 절로 나올 것입니다. 하지만 이런 이야기들이 부자가 되고 싶은 욕구를 누그러뜨리지는 못합니다.

한 가지 의문이 생겼습니다. 도대체 얼마나 벌어야 부자일까요? 이 의문에 답을 얻을 수 있을 만한 설문조사 결과가 있더군요.

2014년 6월 현대경제연구원에서 성인 870명을 대상으로 조사한 결과입니다. 이 조사에 따르면 우리나라 국민이 이상적으로 생각하는 중산층의 소득 수준은 월소득 515만 원에 한 달 생활비 341만 원이라고 합니다. 조사에 응한 사람들 대부분은 자신의 소득과 생활비가 이 기준에 미치지 못한다고 대답했답니다. 아마도 그들은 '이 정도만 벌면 좋겠다'는 소망이 있었을지도 모릅니다.

문제는 '이 정도의 소득과 생활비면 중산층'이라는 생각에 있습니다. 만약 이만큼의 소득과 생활비 수준에 도달한 사람에게 "당신의 소득에 만족하십니까?"라고 질문한다면 "그렇다"고 대답하는 사람이 몇이나 될까요? 그들은 또 나름대로 탈(脫)중산층을 꿈꾸고 있을 게 분명합니다.

그렇다면 우리나라 사람들이 생각하는 부자의 기준은 도대체 어느 정도인 걸까요? 이에 대해서는 머니투데이에서 전국 남녀 1000명을 대상으로 실시한 조사 결과를 살펴보겠습니다.[5)]

질문은 "금융자산과 부동산을 포함해 총재산이 얼마 정도 있어야 부자라고 생각하느냐?"였습니다. 가장 많은 응답은 '10억 원 이상'으로 전체의 39.5%를 차지했습니다. 이어 '20억 원 이상'이 17.4%, '30억 원 이상'이 12.9%, '50억 원 이상'이 14.7%로 집계되었고, '100억 원 이상'이라고 대답한 응답자도 11%나 있었습니다.

정말 인간의 욕심은 끝이 없는 것 같습니다. 어떤 사람에게는 10억 원만 있어도 부자인데, 어떤 사람은 100억 원 정도는 가져야 부자라고 여긴다니 말입니다. 1조, 11조를 가진 형제들이 더 갖기 위해 싸우는 판국에 이 정도는 애교라고 해야 할까요? 생각이 여기까지 미치자 '평생을 살면서 스스로 만족하는 부자는 될 수 없겠구나'라는 결론에 이르게 되더군요.

그래서 생각을 바꿨습니다. 지갑이나 은행 잔고의 부자가 아닌 '마음의 부자'로 살아야겠다고요.

마음의 부자

〈가장 부유한 사람〉이라는 제목의 글을 잠깐 읽어볼까요.

나는 부유한 사람입니다. 사실 조만간 포브스를 고소할 생각입니다. 수백억 달러를 가졌다는 브루나이의 술탄은 부자 명단에 올려놓고 정작 나는 쏙 빼놓았기 때문입니다. 부유함은 결코 돈으로 가늠할 수 없다는 사실을 그들은 모르나 봅니다.

나는 부유한 사람입니다. 일단 나는 건강합니다. 따뜻하고 화목한 가정도 가졌지요. 현명한 데다 나를 극진히 사랑해주는 아내도 있고, 존재만으로 내게 행복을 주는 자녀도 있습니다. 게다가 건강하고 귀여운 손자까지 있으니 무엇을 더 바랄까요? 내가 가진 것은 이뿐만이 아닙니다. 든든한 형제자매와 친구, 나를 진심으로 사랑해주고 또 내가 진심으로 사랑하는 사람들이 있기 때문이죠. 나의 글을 응원하는 독자는 비록 네 명밖에 되지 않지만 그들은 늘 진지하게 내 작품을 읽어줍니다. 그래서 그들에게 항상 감사합니다.

나는 집이 있고, 집 안 한가득 책이 있습니다. 작은 과수원도 있어서 매년 달콤한 사과를 맛볼 수 있지요. 아, 개도 한 마리 있습니다. 내가 집에 돌아올 때까지 안 자고 기다리다가 꼬리를 흔들며 나를 맞아주는 아주 기특한 녀석입니다.

나는 볼 수 있고 들을 수 있으며 걸을 수 있습니다. 손도 아직 영민하게 움직이고 머리도 잘 돌아갑니다. 그래서 가끔은 다른 사람에게 일어난, 하지만 나는 아직 경험해보지 못한 여러 가지 일들에 대해 생각할 수 있지요. 나는 나 자신의 주인으로서 인생의 즐거움을 만끽하고 다른 이의 아픔에 공감하기도 합니다.

　과연 나보다 부유한 사람이 세상에 몇이나 될까요? 그런데도 포브스는 왜 나를 세계에서 가장 부유한 사람으로 선정하지 않았는지 도통 모르겠습니다.[6)]

　부자는 얼마나 가졌느냐가 중요하지 않음을 알려주는 좋은 글입니다. 하지만 이런 글을 읽으면서 '그래도 저 사람은 몸도 건강하고 집도 있고 과수원도 있네'라는 생각을 할 수도 있습니다. 그렇다면 이런 경우는 어떻습니까?

　'김희아'라는 여인이 있습니다. 그녀는 왼쪽 얼굴에 손바닥 크기의 붉은색 포반(반점)을 갖고 태어났습니다. 그것 때문에 태어나자마자 보육원에 버려져 고아가 됩니다. 그녀의 성장 과정이 어떠했을지는 굳이 말하지 않아도 짐작이 되실 겁니다.

　그녀의 재앙과 같은 인생 역경은 성인이 되어서도 끝나지 않았습니다. 자신의 장애까지 사랑해준 애인과 미래를 계획할 무렵 그나마 멀쩡하던 오른쪽 얼굴에 상악동암(癌)이 발병합니다. 결국 조직을 들어내는 수술을 거친 끝에 그녀의 오른쪽 얼굴은 함몰됩니다. 수술을 두 번이나 했지만 상황은 좋아지지 않았지요. 이 여인이 《내 이름은 예쁜 여자입니다》라는 책을 씁니다. 사람으로서, 아니 여성으로서 겪을 수 있는 고통을 모두 경험했던 그녀가 부자에 대한 이야기를 할 때 눈물을 흘리지 않을 수 없었습니다. 김희아 씨는 상악동암 수술 이후 자신을 사랑해준 지금의 남편과 결혼해 두 딸 예은과 예지의 엄마가 되었습니다. 잠깐 그녀가 쓴 책의 내용으로 들어가보겠습니다.

우리 가족은 명절이면 더 외로워집니다. 텔레비전 드라마는 온통 가족 이야기뿐이지요. 드라마 속 며느리는 친정에 갑니다. 드라마를 보던 예은이가 말합니다.

"엄마, 우리도 외할머니, 외할아버지 있으면 참 좋겠다."

"그래, 엄마도 엄마가 있으면 참 좋겠다."

엄마가 울적해지는 걸 알았는지 예은이가 절 위로하네요.

"엄마가 내 엄마라서 참 좋아요."

"그래, 엄마도 예은이와 예지 엄마라서 행복하고, 감사하고, 이 세상에서 제일 부자다."

옆에서 듣고 있던 예지가 말합니다.

"엄마, 부자예요? 그럼 운동화 사주세요."

그 바람에 웃음이 터지고 말았습니다. 행복은 멀리 있는 것이 아니라 바로 내 옆에서 늘 함께하고 있었다는 걸 압니다. 든든한 버팀목이자 후원자인 남편에게 그리고 우리 딸들에게 큰소리로 말했습니다.

"우리 부자 되자! 행복부자, 감사부자, 위로부자, 긍정부자, 선행부자. 그래, 우리는 부자가 맞다."[7)]

'마음의 부자'의 기준은 상당히 주관적입니다. 월 100만 원을 벌어도 만족하고 감사하면서 사는 사람이 있는가 하면 1000만 원을 벌어도 부족하다고 느끼는 사람도 있습니다. 책에서는 그녀가 얼마의 재산을 가졌는지, 한 달에 얼마를 버는지에 대해서는 알려주지 않습니다. 하지만 그녀의 마음은 수천억 대의 자산가가 가질 수 없는 행복, 감사, 위로, 긍정, 선행으로 넘쳐난다는 사실은 쉽게 알 수 있었습니다.

마음의 곳간

이제 저의 이야기를 해보아야겠군요. 제게도 경제적으로 아주 힘든 시기가 있었습니다. 하루에 한두 끼밖에 먹지 못하던 때였습니다. 상황은 점점 더 나빠졌습니다. 뭐라도 해서 돈벌이를 하지 않으면 온 가족이 굶어야 하는 상황이었지요. 저는 소위 막노동을 해야겠다고 결심했습니다. 가장으로서 체면을 내세울 형편이 아니었습니다.

문득 인력시장에 새벽 3~4시부터 나가 대기하고 있어도 일자리를 구하기가 쉽지 않다는 뉴스가 기억났습니다. 저는 잠을 잘 수가 없었습니다. 새벽 2시에 건설 일용직을 뽑는다는 곳에 나가 제일 먼저 줄을 서고 대기했습니다. 다행히 일자리를 얻을 수 있었지요. 현장에 간 저는 정말 열심히 일했습니다. 뼈가 부서지도록 말이지요. '일을 열심히 한다는 소리를 들으면 내일도 일자리를 얻을 수 있을 거야'라는 생각 때문이었습니다.

날이 어둑해지자 감독이 저를 불렀습니다. 하얀 봉투에 담긴 일당을 건네며 "일 잘한다. 내일도 나와라"는 이야기를 하더군요. 저는 연신 머리를 굽히며 감사하다는 말을 했습니다. 봉투 안에는 일당 10만 원이 들어 있었습니다. 쌀과 아이들 간식도 조금 사야겠다는 생각을 하며 안쪽 주머니에 봉투를 찔러 넣었습니다.

집으로 가려면 지하철을 타야 했습니다. 다행히 자리에 앉을 수 있었습니다. 그런데 전날 밤 잠도 못 자고 하루 종일 뼈가 부서지도록 일을 해서인지 졸음이 계속 쏟아졌습니다. 꾸벅꾸벅 졸고 있는데 좋지 않은 느낌이 들더군요. 번쩍 눈을 떠보니 제 안쪽 주머니에 있던 봉투를 누군가가 빼들고 지하철 문을 빠져나가는 게 아닙니까? 제가 어떻게 했겠습니까? 당연히 소리를 지르며 달려갔지요. 다행히 지하철역에서 순찰 중이던 사복 경찰이 있어서 범인도 잡고 봉투도 찾을 수 있었습니다. 그때 만약 경찰이 없고 저에게 흉기라도 있었다면 저는 범인을 찔렀을지도 모릅니다. 생각만 해도 끔찍하지만, 세상에는 그런 일들이 비일비재한 것이 현실입니다.

술을 마시다가 옆 좌석에서 시끄럽게 떠든다고, 길을 지나가다 쳐다보는 눈빛이 기분 나쁘다고, 아무런 이유 없이 그저 기분이 나쁘다고 타인에게 해를 끼치는 황당하고 어이없는 일들이 지금 이 순간에도 어디에선가 일어나고 있을지 모릅니다. 삶에 대한, 이웃에 대한 마음의 여유가 없기 때문에 일어나는 사건들입니다.

한 가지 이야기를 더 해보겠습니다. 이 역시 제가 형편이 어려울 때의 이야기입니다.

저는 평소 친한 친구 몇 명에게 돈을 빌려 쓰고 있었습니다. 그래서 A라는 친구에게 돈을 갚아야 할 때가 되면 B라는 친구에게 빌려서 갚고, B에게 갚아야 할 즈음에는 또 C라는 친구에게 빌리는 식으로 마치 카드 돌려막기와 같은 '친구 돌려막기'를 하고 있었지요. 그런데 어느 날 친구 C에게 전화가 걸려왔습니다. "빌려준 돈 100만 원을 갚아"라고 했습니다. 아직 갚기로 한 날이 한 달은 더 남아 있었고, 돈을 빌릴 다른 친구도 없는 상황이었습니다. 저는 사정했습니다. "아직 한 달 남았는데 조금만 더 기다려줘." 하지만 친구는 단호했습니다. 갑자기 쓸 일이 생겨서 어쩔 수가 없다고 했습니다. 별 수 없이 알겠다고 대답하고 은행 현금인출기 앞으로 갔습니다. 마이너스통장에서 일단 50만 원을 찾았습니다. 다음에 또 돈을 빌리자면 신용은 지켜야 하겠고, 100만 원을 다 갚을 수 있는 형편은 아니었기에 일단 50만 원만 갚으면서 사정을 해보기로 한 것입니다.

찾은 돈을 은행 봉투에 담아 안쪽 주머니에 넣었습니다. '무슨 말로 사정을 해야 하나?'라는 생각을 하며 힘없이 길을 걸었습니다. 그런데 문득 한 가지 생각이 떠올랐습니다. 지난 토요일에 했어야 할 일을 안 한 겁니다. 바로 로또 당첨 확인이었습니다.

저는 지갑에 넣어둔 로또를 꺼내 스마트폰으로 숫자를 맞춰보기 시작했습니다. 여섯 개의 숫자를 하나하나 맞춰보던 저는 쓰러질 뻔했습니다. 제가 1등에 당첨이 된 겁니다. 당첨금만 해도 40억 원이었습니다. 저는 미친 듯이 환호성을 지르며 길에서 펄쩍펄쩍 뛰었습니다. 지나가던 사람들이 정신 나갔느냐는 표정으로 쳐다보았지만 전혀 부끄럽지 않았습니다. 계속 소리를 지르며 달려가고 있는데 누군가가 저를 부르는 소리가 들렸습니다. "여보시오!" 저는 조용히 하라는 소리라고 생각했습니다. 그런데 그는 봉투 하나를 건네주며 "이걸 떨어뜨렸소"라고 하는 게 아닙니까? 1등 당첨에 너무 기뻐 소리를 지르며 뛰어가다가 그만 안쪽 주머니에 넣어두었던 돈봉투가 떨어진 것도 몰랐던 겁니다. 제가 그 돈봉투를 어떻게 했을까요? 세상에서 가장 너그러운 사람의 목소리로 이렇게 말했습니다. "그냥 넣어두세요."

돈 100만 원이 없어서 그나마 반만 갚으려 했던 제가 어떻게 이렇게 바뀔 수 있었을까요? 말할 필요도 없이 40억 원의 부자가 되었기 때문입니다. 우리 속담에 '곳간에서 인심 난다'고 하지 않습니까? 내가 가진 것이 있어야 남에게 관대해지고 도움의 손길을 내밀만 한 여유가 생긴다는 뜻입니다. 앞의 사례에서 일당 10만 원을 훔쳐 가는 소매치기를 하마터면 찌를 수도 있었던 제가 거금 50만 원이 돈도 아니라고 생각할 수 있었던 이유는 제가 부자가 되었기 때문일 겁니다.

눈치가 빠르신 분들은 이미 아셨겠지만 위의 두 사례는 제 이야기가 아닙니다. 여기저기서 듣고 읽고 보았던 이야기를 각색해서 만들어본 것입니다. 제가 이런 이야기를 만들게 된 이유는 우리의 마음을 40억 부자로 만들어보자는 말씀을 드리기 위함입니다. 마음을 값으로 환산한다는 게 가능하기나 한 일입니까? 400억, 4000억으로 값을 매겨도 아깝지 않은 것이 마음입니다.

우리가 일하는 서비스 현장에는 지갑은 부자인지 몰라도 마음이 가난한 고객들로 넘쳐납니다. 앞에서 말씀 드린 어린 아기와 같은 고객들 말입니다. 자신의 요구를 들어달라고 응석부리고 투정하는 고객에게 "넣어두세요"라고 말할 수 있는 여유를 어떻게 하면 가질 수 있을까요? 저는 '나의 마음이 40억 부자가 되면 그렇게 할 수 있지 않을까?'라는 생각을 해보았습니다. 이에 대해서는 뒤에서 다시 살펴보겠습니다.

이 책에서는 상징적인 의미로 마음의 부자를 40억이라고 표현하겠습니다. 이후에 나오는 40억이라는 표현은 400억, 4000억, 4조 등으로 바꾸어 생각하셔도 무방합니다.

백만 불짜리 미소

어떤 사람이 부자인지 아닌지를 알아보기란 그리 어려운 일이 아닙니다. 그가 어떤 옷을 입고 어떤 차를 타고 어떤 집에 사는지만 살펴보면 어느 정도는 짐작할 수 있습니다. 사람들이 돈이 생기면 비싼 옷을 사입고 집과 차를 바꾸는 경향이 있기 때문이지요. 그렇다면 마음의 부자는 어떻게 알아볼 수 있을까요? 저는 얼굴이라고 생각합니다. 얼굴에는 그 사람의 마음이 담겨 있기 때문입니다.

수년 전 신문을 보다가 사진 한 장에서 꽤 오랫동안 눈길을 떼지 못한 적이 있었습니다. 대단한 내용을 담은 사진이 아닌데 사진을 보자마자 큰 감동을 받았거든요. 사진은 손수 잡은 물고기로 가득 찬 양동이를 양손에 든 채 사람 좋은 웃음을 얼굴 가득 짓고 있는 50대 중반의 남성을 담고 있었습니다. 그 남성은 어부 같았습니다. 어부는 육체적으로는 매우 힘든 직업입니다. 사회적으로 부러움을 받는 직업도 아니고 유명하지도 않은 그가 기사화되어 보는 사람들에게 감동을 준 이유는 무엇일까요? 그것은 다름 아닌 그의 얼굴에 가득한 미소 때문이었습니다. 직업과는 상관없이 그가 마음의 부자임을 저는 쉽게 알아차릴 수 있었습니다.

우리는 이렇게 밝고 환한 미소를 볼 때 '백만 불짜리 미소'라는 표현을 씁니다. 백만 불은 한화로 환산하면 13억 원(1달러에 1300원 기준)입니다. 즉 미소 한 번으로 순식간에 13억 원의 부자가 되는 거죠. 미소는 마음에 있는 40억 원이 얼굴로 나타났을 뿐입니다.

좋은 집에 살고 좋은 차를 모는 것으로 물질적 부자임을 짐작할 수 있다면 얼굴의 미소는 그 사람의 마음이 얼마나 부자인지를 가늠할 수 있는 척도라 할 수 있습니다. 안타까운 것은 대부분의 마음부자들이 마음에 있는 40억 원을 좀처럼 얼굴에 나타내지 않는다는 사실입니다. 이는 '웃고 다니면 실없다' 혹은 '너무 자주 웃으면 가벼워 보인다'며 웃지 못하게 만드는 사회적인 풍토 때문인 것 같습니다.

부자들이 자신의 부를 자랑하기 위해 고가의 집이나 차 같은 물건들을 사들이듯 마음부자는 미소를 통해 마음의 풍요를 드러낼 수 있습니다. 그러니 가정에서도 직장에서도 서비스 현장에서도 이제 더 이상 마음 어딘가에 숨겨두거나 저축해두지 말고 미소를 지어 마음부자임을 한껏 자랑하시면 좋겠습니다.

아이들은 별것 아닌 일에 깔깔거리며 웃습니다. 이런 아이들이 자라 사춘기를 보내고 청년이 되면서 그 해맑던 웃음기가 얼굴에서 사라지기 일쑤입니다. 미국의 한 연구에 따르면 학교에 들어가기 전의 아이들은 하루에 400회 이상 웃는다고 합니다. 이런 아이들에 비해 어른들은 평균적으로 하루에 열 번도 채 웃지 않는다고 하네요.[8] 상대적으로 우리보다 미소를 잘 짓는다는 미국의 연구 결과이니 우리나라 사람들은 훨씬 더 심각할 겁니다. 프랑스에서 살아 있는 성자로 통했던 아베 피에르 신부는 《피에르 신부의 유언》에서 미소의 힘에 대해 이렇게 말합니다.

"신부님 저는 이제 맹인이 되어서 더 이상 봉사를 할 수 없습니다. 열다섯 살 때부터 제 삶에 큰 의미를 부여했던 그 봉사를 말예요."

나는 이렇게 대답했다.

"당신 인생의 마지막 1분까지도 당신은 식기를 들고 당신에게 오는 친구에게 미소를 지을 수 있을 것이고 당신의 그 미소가 그날 하루 동안 그가 해낼 몫의 일을 할 수 있게 돕는다면 당신은 이미 봉사를 한 것입니다."[9]

미소가 주는 힘이나 유익이 어디 이뿐이겠습니까? '하루에 세 번 미소 짓는 자에겐 약이 필요 없다'라는 중국 격언이 있습니다. 웃는 얼굴은 육체의 질병까지도 치료할 수 있다는 뜻입니다. 미소나 웃음이 남을 향해 짓는 것 같지만 결국 자신에게 가장 큰 유익을 가져다준다는 진리를 가르쳐주는 격언입니다.

앞장에서 저는 고객이 아니라 나를 향해 인사하자는 말을 했습니다. 미소도 마찬가지입니다. 미소는 남을 위한 게 아닙니다. 내 마음이 부자임을 자랑할 수 있고, 나의 건강을 지켜주는 소중한 것이 바로 미소입니다.

누군가에게 이런 재미있는 이야기를 들은 적이 있습니다.
"어떤 사람들은 책벌레, 일벌레 혹은 돈벌레로 살아갑니다. 그러나 나는 헤벌레 웃으며 살 겁니다."

마음부자의 고객 응대법

마음부자가 되면 서비스 현장에서도 나를 잃지 않고 지켜줄 수 있을까요? 앞에서 언급한 대로 서비스 현장에는 어린 아기와 같은 고객들로 넘쳐납니다. 우리가 40억짜리 마음부자가 되었으니 이제 이런 고객들을 '10원짜리 고객'이라고 표현할 수 있겠군요.

　2009년에 개봉한 영화 중에 〈핸드폰〉이 있습니다. 영화의 배경은 대형 유통업체입니다. 이곳에서 근무하는 한 여직원이 성추행을 당하는 장면이 나오는데, 여직원의 엉덩이를 만진 남성 고객은 항의하는 여직원에게 온갖 욕설을 퍼부어댑니다. 싸움을 말리던 관리자는 고객에게 연신 죄송하다며 고개를 숙입니다. 고객은 여직원을 향해 "저런 것을 낳고도 지 애미는 미역국을 먹었을 거 아니야!"라고 말하고는 매장을 떠납니다. 결국 여직원은 바닥에 주저앉아 울음을 터뜨리고 말지요.

　2014년에 상영된 영화 〈카트〉에서도 비슷한 상황이 연출됩니다. 고객의 가방에서 계산하지 않은 물건이 나오자 계산원은 확인을 하겠다고 양해를 구합니다. 그러나 고객은 자신을 도둑으로 아느냐며 다른 매장에서 산 것이라고 소리를 지르지요. 계산대는 금세 아수라장이 됩니다. 관리자가 다가와 사과를 하는 것으로 일단락되는 듯싶더니 고객은 아들, 며느리와 함께 다시 나타납니다. 고객은 퇴근하는 계산원을 붙들고 무릎 꿇고 사과하라며 명령하듯 쏘아붙입니다. 결국 계산원은 눈물을 흘리며 무릎을 꿇습니다.

　10원짜리라고 하기에도 아까운 고객은 이들만이 아닙니다. 멀쩡한 제품에 문제가 있다며 한참을 사용한 후에 환불을 요청하는 고객, 콜센터에 전화해 다짜고짜 욕을 하거나 성희롱을 일삼는 고객, 보상해주지 않으면 인터넷으로 세상에 알리겠다며 협박하는 고객, 나이와 상관없이 직원을 아랫사람 대하듯 함부로 말하는 고객, 무시하는 눈빛으로 쳐다보는 고객 등 일일이 그 유형을 나열하기도 숨이 가쁜 10원짜리 싸구려 고객들이 우리의 서비스 현장에 거의 매일 등장합니다. 반복해서 말씀 드리는데, 이런 10원짜리 고객의 행동에 자존심이 상한다고 흥분하거나 함께 싸운다면 자신 역시 10원짜리가 되고 맙니다.

이제는 10원짜리 싸구려 고객들을 만나면 마음에 쌓아둔 40억 원을 씁시다. 앞에서는 '넣어두세요'라고 표현했지만 이럴 때는 '그래, 너 해라, 너 해'라는 표현이 더 어울릴 것 같네요. 물론 마음속으로 말입니다. 표현이 좀 거칠고 과격한가요? 거만함도 가진 자만이 부릴 수 있는 것 아니겠습니까? '너 10원짜리구나. 나는 40억 원짜리다'라고 마음으로 되뇌며 아낌없이 져주자는 겁니다.

정신과 전문의인 이근후 박사는 《나는 죽을 때가지 재미있게 살고 싶다》에서 이렇게 말하더군요.

'돈에 대한 균형감이 진짜 행복을 만들어준다. 노후에 유용하게 쓸 수 있는 것은 지난날의 저축이다. 그런데 돈만 저축할 게 아니라 마음도 저축해야 한다. 돈 없으면 어떻게 살아야겠다는 각오도 다져야 한

다. 돈만 저축하면 노후가 편할지 몰라도 마음을 저축하지 않으면 돈이 있어도 불행하다.'

마음을 차곡차곡 저축해갈 수 있는 곳이 우리가 일하는 서비스 현장이라는 생각을 해봅니다. 고객과 만나는 쉽지 않은 상황들을 '가진 자의 여유'로 지혜롭게 극복해가다 보면 우리는 더 풍성한 마음부자가 될 수 있기 때문입니다.

앞서 소개한 김희아 씨를 기억하십니까? 극한 상황에서도 그녀가 행복할 수 있었던 비결은 자신이 부자임을 깨달았다는 것입니다. 그것이 왼쪽 얼굴에는 손바닥만 한 붉은 점이 있고, 오른쪽 얼굴은 수술로 인해 함몰되었음에도 불구하고 그녀로 하여금 자신이 예쁜 여자임을 알게 한 결정적인 이유였습니다.

잊지 마십시오. 우리는 이제 10원짜리 싸구려 고객들을 향해 넉넉한 엄마의 마음으로 다가설 수 있는 40억 원짜리 마음부자라는 사실을 말입니다.

베풀며 삽시다

마음부자의 노블리스 오블리주

   노블리스 오블리주(Nobless Oblige)는 높은 사회적 신분 계층이 해야 할 도덕적 의무를 의미합니다. 우리나라에서도 자주 들을 수 있는 단어인데요. 부와 권력, 그리고 사회적인 명성을 가진 자들에 대한 책임을 강조하는 말입니다. 부자이면서도 이웃의 어려움에 나 몰라라 하는 사람은 마땅히 지탄의 대상이 되어야 합니다. 이제 노블리스 오블리주는 어떠한 개념이 아니라 부자가 당연히 갖추어야 할 의무나 책무로 받아들여지고 있는 분위기입니다.

비록 부자는 아니지만 노블리스 오블리주 정신을 실천하는 사람들이 있습니다. 불우한 환경에 처한 이웃에게 온정의 손길을 베푸는 사람들입니다. TV 프로그램에서 성금 모으기 행사를 할 때마다 생각보다 많은 돈이 모이는 현상이 이를 증명합니다. 이러한 나눔의 실천은 월드비전에서 일하는 최민석이 《너의 눈에서 희망을 본다》에서 언급한 대로 '내가 잘사는 것이 나만 잘사는 것이 아닌 너와 내가 함께 잘사는 세상을 만들어가려는 소망'에서 비롯되었을 것이라 생각합니다.

그러나 두둑하지도 않은 지갑을 열어 남을 돕는 것은 그리 쉬운 일이 아닙니다. 결단과 행동이 필요합니다.

실제로 제가 '베풀며 삽시다'라는 제목으로 강의를 시작할 때면 강의장 곳곳에서 불편해지는 얼굴들을 발견하게 됩니다. '저 사람이 마음부자를 떠들어대더니 뭔가 뜯어내려고 하는 건가?'라며 경계하는 거지요. 그럴 때면 저는 청중을 안심시키기 위해 이렇게 말을 이어갑니다.

"여러분은 이미 나름대로 나눔을 실천하고 계십니다. 돈으로 돕는 일은 거기까지만 합시다."

다소 도발적으로 들릴 수도 있습니다. 물론 이웃을 위한 나눔은 많으면 많을수록 좋지요. 할 수만 있다면 그렇게 하는 것이 옳습니다. 하지만 여기서 말하는 '베풀며 삽시다'의 의미는 마음이 40억 원(혹은 그 이상)의 부자인 우리가 해야 하는 노블리스 오블리주를 의미합니다. 돈이 아니라 마음에서 우러나는 나눔을 실천해보자는 얘기입니다. 예를 들면 이런 겁니다.

일곱 살짜리 아이가 유치원 버스에서 내려 마중 나오는 엄마에게 달려가다가 작은 돌부리에 걸려 넘어집니다. 그때 곁을 지나던 누군가가 아이를 일으켜 세우고는 무릎에 묻은 흙을 털어주면서 "어디 안 다쳤니?"라고 묻고는 엄마가 올 때까지 아이를 지켜줍니다.

생각해봅시다. 아이를 돌봐준 행동에 혹시 돈이 들었을까요? 시간이 많이 필요했을까요? 아닙니다. 마음부자가 할 수 있는 노블리스 오블리주는 바로 이런 겁니다.

앞에서 소개했던 공익광고협의회의 '세상을 아름답게 하는 시간 하루 1분이면 충분합니다'라는 광고를 기억하십니까? 신문을 대신 던져주고, 버스 벨을 눌러주고, 어르신과 함께 길을 건너고, 지친 후배에게 커피 한 잔을 건네며 격려하는 직장인이 주인공이었지요. 이런 행동들은 그가 마음부자였기에 가능했던 일 아니었을까요? 세상을 아름답게 하는 행동 말입니다.

"그날 나는 누군가에게 미소 짓기만 해도 베푸는 사람이 될 수 있다는 것을 배웠다. 그 후 세월이 흐르면서 따뜻한 말 한마디, 지지 의사 표현 하나가 누군가에게는 고마운 선물이 될 수 있다는 것을 알았다."

앞서 '말의 힘'에서 소개했던 마야 안젤루(Maya Angelou)의 말입니다. 밝은 미소로 사람들에게 인사하고, 넘어진 아이를 일으켜주고, 아픔을 겪는 친구의 손을 따뜻하게 잡아주는 것은 쉬워 보이지만 아무나 할 수 있는 행동이 아닙니다. 나눌수록 풍성해진다는 말이 있습니다. 마음의 나눔 역시 우리를 더욱 풍요로운 마음부자로 만들어줄 수 있을 겁니다. 게다가 보너스로 우리가 사는 세상도 아름답게 해줄 거구요.

'서스펜디드 커피(Suspended Coffee)'에 대해 들어보셨나요? 이는 커피 전문점에서 자신이 마실 커피 외에 추가로 커피값을 지불하면 실직자나 노숙자와 같은 사람들이 와서 마실 수 있도록 하는 캠페인입니다. 미국, 영국, 러시아, 캐나다, 호주 등지에서는 이미 널리 확산되었고 우리나라에서도 점차 늘어나는 분위기라고 하는군요. 금액이 많고 적음이 문제가 아니라 커피 한 잔이라도 누군가와 나누어 마시겠다는 마음 씀씀이가 드는 이의 마음까지 따뜻하게 해줍니다.

밝은 미래와 어두운 미래

어느 날 사진 한 장이 인터넷 게시판에 등장하면서 사람들의 성토가 이어졌습니다. 사진은 다소 붐비는 지하철 안을 찍은 것이었습니다.

좌석에는 젊은 사람들이 앉아 눈을 감고 있거나 스마트폰을 들여다보고 있었습니다. 지극히 평범해 보이는 사진인데 댓글은 '예의 없는 젊은이들'이라며 사진 속 젊은이들을 비난하는 글로 넘쳐났습니다. 아무런 문제가 없어 보이는 이 사진이 이토록 이슈가 된 이유는 무엇이었을까요?

바로 지하철 출입문 옆 손잡이에 등을 기대고 서 있는 백발의 노인 때문이었습니다. 사진을 본 사람들의 눈에는 젊은이들이 노인에게 자리를 양보하지 않기 위해 스마트폰을 만지작거리거나 잠을 자는 척하는 것으로 비쳐진 겁니다. 매스컴까지 가세해 '세상이 어쩌다 이 지경이 되었나?', '대한민국 젊은이에게 미래는 없다'와 같은 탄식을 쏟아냈습니다. 사진 속 젊은이들이 핵폭탄을 만든 것도 아니고 나라를 팔아먹은 것도 아닌데 말이죠. 그저 노인에게 자리 하나 양보하지 않았다고 사람들은 대한민국의 미래까지 들먹거렸습니다.

인터넷 게시판에 올라와 세상을 들썩거리게 한 또 다른 사진이 있습니다. 이 사진 역시 몇 차례 신문에 실렸습니다. 사진은 추운 겨울에 길바닥에 주저앉아 있던 거지 행색의 노숙자에게 한 젊은 여성이 자신의 목도리를 벗어 노숙자의 목에 둘러매주는 장면이었습니다. 한때 '목도리녀'라는 별명을 얻었던 김지은 씨(당시 24세)의 이야기입니다. 이 사진이 인터넷으로 삽시간에 퍼지면서 신문과 방송에서는 '목도리녀의

세상을 밝히는 마음,
어느 쪽일까요?

아름다운 선행, 세상을 밝히다', '애정 없는 로봇사회에 따뜻한 인간의 정을 느낄 수 있었다'는 뉴스 기사들이 쏟아져 나왔습니다. 제가 기자라면 아마 '대한민국 젊은이 미래 있다'라는 기사를 썼을 것입니다. 앞서 지하철의 젊은이들 때문에 없어진 대한민국의 미래를 다시 살려놓고 싶은 마음 때문이지요.

김지은 씨의 선행은 우리에게 한 가지 더 감동을 주었는데요. 그녀의 선행은 그날 노숙자를 보고 즉흥적으로 이루어진 게 아니었다는 점입니다. 그녀의 아버지는 홀로 사는 장애 할머니를 17년간이나 도와왔다는 사실이 추가적으로 기사화되었습니다. 어려운 사람을 돕고 마음을 나누는 것은 이들 부녀에게는 생활처럼 몸에 배어 있었던 겁니다. 어느 책에서 '부모가 남을 돕고 베풀며 사는 모습을 보고 자란 자녀는 절대로 잘못되지 않는다'는 글을 읽은 적이 있습니다. 김지은 씨 부녀의 이야기가 그 말을 뒷받침하는 셈이죠.

도대체 김지은 씨가 무엇을 했기에 사람들은 '세상을 밝히는 선행', '따뜻한 인간의 정'을 운운했던 걸까요? 또 왜 저는 대한민국의 미래가 있다고 말하고 싶어 했을까요? 그녀가 UN에서 세계평화를 위한 연설이라도 한 걸까요? 그저 자신의 목에 두르고 있던 목도리를 노숙자에게 걸어주었을 뿐인데 말이죠. 하지만 그녀의 작은 행동은 세상을 밝혀주기에 충분했습니다.

지금까지 살펴본 지하철의 젊은이들과 김지은 씨의 사례는 내가 하는 작은 행동이 세상을 소망이 없는 각박한 곳으로도 만들 수 있고, 혹은 참 아름답고 살 만한 곳으로도 만들 수 있음을 보여줍니다.

저는 '나를 향하는 서비스'를 위해 체질화해야 할 두 번째 전제조건인 '아름다운 마음쓰기'를 시작하며 허황되고 말도 안 되는 이야기를 했었습니다. 밤잠을 제대로 못 잘 정도로 '세상을 아름답게 할 수는 없을까?'라는 걱정을 하고 있다고 말이지요. 비웃음이 절로 나왔을 법한 이 말에 이제는 조금 수긍이 되셨기 바랍니다. '세상을 아름답게'라는 말이 거창하게 느껴진다면 '세상'의 범위를 가정이든 직장이든 내가 살고 있는 주변으로 생각하셔도 좋습니다. 나의 작은 행동과 말과 표정으로 가정을 행복하게 만들 수 있고, 직장을 살맛나는 곳으로 만들어 가는 출발점은 바로 마음에 있음을 잊지 않으면 좋겠습니다.

마음부자의 주인의식

꽤 오래 전에 가나안농군학교의 교장이셨던 고(故) 김평일 선생의 강연을 들은 적이 있었습니다. 강연의 주제는 '주인의식'이었는데요. 제목만 들어도 어떤 내용일지 짐작이 되었습니다.

짐작대로 강연은 처음 들었거나 모르는 내용이 하나도 없었습니다. 하지만 강연을 듣는 내내 뒤통수를 얻어맞은 듯한 큰 충격을 받았습니다. 청년 시절에 들었던 그리 새로울 것 없는 주인의식에 대한 강연이 제 삶의 행동을 바꾸는, 아니 바꾸려고 노력하는 중요한 계기가 되었던 거죠. 그는 이렇게 말했습니다.

"주인의식이 뭔 줄 아느냐? 다른 것이 아니다. 버스에 타면 그 버스가 내 것이라고 생각하라. 대중목욕탕에 갔다면 그 목욕탕이 내 것이라고 생각하라."

어찌 보면 단순하고 뻔한 이야기입니다. 그런데 이 말이 왜 저의 뒤통수를 때렸을까요? 이유는 그때까지 제가 그렇게 살고 있지 않았기 때문이었습니다. 집에서 샤워를 할 때는 몸에 비누칠을 하려면 당연히 물을 끄지만 목욕탕에서는 그렇게 하지 않았습니다. 물줄기가 쏟아지는데도 끄지 않은 채 한참 동안 몸에 비누칠을 하거나 심지어 때를 밀었습니다. 샤워 후 몸을 말릴 때도 마찬가지입니다. 집에서는 몸을 닦는 데 수건 한 장이면 충분했지만 목욕탕에서는 서너 장의 수건을 거침없이 사용합니다.

왜 그랬을까요? 내 것이 아니라고 생각했기 때문입니다. 가끔 운전을 하다 보면 창밖으로 쓰레기나 담배꽁초를 집어 던지는 사람들을 볼 수 있습니다. 내가 살고 있는 지구가 내 것이라고 생각하지 않기 때문입니다. 환경운동가이자 해양생물학자인 레이첼 카슨(Rachel Carson)은 이렇게 충고합니다.

"좋은 커피도 친구와 마셔야 향기롭고, 좋은 기회도 친구와 나눠야 기쁘다. 마찬가지로 우리는 지구를 다른 생명들과 함께 공유할 수 있어야 한다."

주인의식도 세상을 향한 아름다운 마음쓰기에서 시작되는 것입니다.

유통업체에서 일하면서 지금까지 기억에 남는 젊은 여직원이 있습니다. 관리자로서 지적사항을 찾으며 매장을 돌아다니다 보면 이 여직원은 항상 바쁘게 일을 하고 있었습니다. 고객이 있으면 고객을 응대하고, 고객이 없으면 상품을 진열하거나 하다못해 걸레를 들고 판매대를 열심히 닦았습니다. 너무 열심히 일을 하기에 당연히 저는 매장의 매니저나 그 이상일 것이라고 생각했지요. 그런데 나중에 알고 보니 가정형편상 등록금을 벌기 위해 아르바이트를 하고 있는 휴학생이더군요. 비록 아르바이트였지만 그녀는 매장에서 일하는 순간만큼은 그 매장의 주인이었습니다. 형편은 가난한지 몰라도 마음은 40억 원 부자였던 겁니다. 자신이 있는 곳에서 열심히 베풀며 살고 있는 진정한 마음부자 말입니다.

사리급인(思利及人)이라는 말이 있습니다. '이익을 생각할 때는 그것이 남에게도 미치게 하라'는 뜻입니다. 홍콩에 소재한 세계 최대 중화 요리 소스 전문회사인 이금기(李錦記)의 회장인 리만탓(李文達) 명예회장의 경영철학입니다. 이금기가 4대에 걸쳐 125년을 이어오며 세계 최대 소스 전문회사로 성장하는 근간이 된 철학이지요. 성경의 '누구든지 자신의 유익을 구하지 말고 남의 유익을 구하라(고린도전서 10장 24절)'는 구절과도 일맥상통합니다. 사실 자신보다 남을 먼저 생각하는 것은 그리 쉬운 일이 아닙니다. 이런 경지까지 이르자고 말하는 것도 아닙니다. 하지만 '나의 행동이 타인에게 피해가 되지 않을까?'라는 생각은 신경 써서 할 필요가 있습니다.

세계적인 미래학자 다니엘 핑크(Daniel Pink)는 《파는 것이 인간이다》에서 이렇게 쓰고 있습니다.

'이 시대에는 사실상 누구나가 세일즈맨이 된다. 예를 들어 의사는 환자에게 처방을 팔고, 변호사는 배심원에게 평결을 팔고, 교사는 학생들이 수업시간에 주의를 기울일 만한 가치를 판다. 타인을 설득하고 납득시켜서 자신이 원하는 방향으로 행동하도록 유도하는 행위는 기본적으로 세일즈맨이 물건을 파는 것과 다름이 없다.'[10]

다니엘 핑크의 말에서 '세일즈맨'을 '서비스맨'으로 바꾸어 읽어볼까요? '서비스하는 것이 인간이다'라고 말이지요. 그러면 '의사는 환자에게 따뜻한 의술로, 변호사는 배심원에게 공정함의 평결을 내리도록, 교사는 학생들에게 미래에 대한 꿈과 배움에 대한 열정을 갖도록 자신이 가진 것을 베푸는 서비스맨이 되어야 한다'가 됩니다.

  서비스 직종에 근무하는 사람들이야 더 말할 나위 없을 겁니다. 때로는 무례하고 거친 10원짜리 고객들, 어린 아기와 같은 고객들에게 40억 원짜리 마음, 엄마의 마음을 가진 서비스맨이 되어야 합니다. 우리 모두 마음의 풍성함과 따뜻함을 나누어주며, 마음부자로서 노블리스 오블리주의 책임을 다하는 서비스맨이 될 수 있기를 소망해봅니다.

  그 책임은 거창한 것이 아닙니다. 나의 작은 행동과 표정과 말을 통해서도 충분히 가능합니다. 그 작은 것들이 내가 살고 있는 가정과 직장과 사회, 그리고 이 세상을 아름답게 할 수 있는 비결이 될 것입니다.

1. 아무것도 아닌 일에 흥분하고 화를 냈다가 후회했던 기억이 있습니까?

2. 오늘 내가 1분만 투자해서 세상을 아름답게 할 수 있는 행동을 적어봅시다.

예) 근무하는 매장에 떨어진 쓰레기 줍기 (2초)

예) 뒷사람을 위해 엘리베이터의 열림 버튼 눌러주기 (2초)

1)

2)

3)

4)

5)

3. 마음부자임을 자랑하기 위해 오늘 할 일 5가지를 적어봅시다.

예) 나보다 아랫사람에게 먼저 웃으며 인사하기

예) 퇴근길에 어르신이나 장애인에게 자리 양보하기

1)

2)

3)

4)

5)

나를 향하는 서비스
전제조건
03

나를 사랑하기

나를 중심으로
돌아가는 세상?

'나를 사랑하기'.

나를 향하는 서비스를 위한 세 번째 전제조건인 이 말을 듣고 많은 분들이 의문을 품으실지 모르겠습니다. "세상에 자신을 사랑하지 않는 사람이 어디 있느냐?"라는 의문 말입니다. 그렇습니다. 세상의 모든 사람은 자신을 사랑합니다. 이기주의가 점점 팽배해지는 이유도 자신을 사랑하다 못해 지나치게 세상을 자기중심으로 생각하기 때문이 아니겠습니까?

사람들과 이야기하다 보면 "내 삶에 문제가 넘쳐나는 이유는 모두 주변 사람들 때문이다"라는 말들을 자주 듣습니다. "나는 전혀 문제가 없는데"라면서 말이죠. 몇 가지 예를 들어보면 이렇습니다.

남편   나는 전혀 문제가 없는데, 마누라 때문에 집안이 편할 날이 없다. 남편 하는 일에 사사건건 트집을 잡고 바가지를 긁는 통에 집에 들어가기가 싫다.

아내   남편이 매일 술을 먹고 늦게 들어온다. 주말이면 잠만 자고 애들이나 집안 문제는 신경도 쓰지 않는다. 남편이 문제다.

남편&아내   자식들을 좋은 학교에 보내려고 우리 부부는 맞벌이를 한다. 그런데 애들은 매일 게임과 스마트폰에 빠져 공부할 생각은 하지도 않는다.

나는 최선을 다하는데 남편, 아내, 자녀가 문제라는 얘깁니다. 이게 어디 가정에만 있는 일이겠습니까? 직장에서도 마찬가지입니다.

직원   나는 열심히 최선을 다해 일하는데, 일은 하지도 않으면서 매일 소리나 지르는 상사 때문에 회사에 나가기가 싫다.

상사   세상에 나 같은 상사가 어디 있다고, 눈치나 슬슬 보면서 도망칠 궁리나 하는 부하직원들을 보면 속이 다 뒤집힌다.

심지어 고객과 판매직원의 사이에서도 이와 같은 주장은 똑같이 일어납니다.

판매직원   나만큼 친절한 직원도 없을 거야.

고객   내가 돈을 써야 먹고사는 주제에 친절은커녕 팔아먹을 생각만 한다.

이렇게 사람들은 누구나 세상을 자기중심으로 생각하고 해석합니다. '잘되면 내 탓, 안 되면 조상 탓', '내가 하면 로맨스, 남이 하면 불륜'이라는 말은 사람들의 이러한 자기중심적 사고를 꼬집는 표현들입니다. 이렇듯 세상이 나 중심으로 움직이는데 '나를 사랑하지 않는 사람'이 어디 있겠습니까?

그러나 제가 말하는 '나를 사랑하기'는 세상이 나를 중심으로 돌아가는 것을 의미하지 않습니다. 우리 앞에 찾아오는 어려움과 힘든 상황에서도 나를 사랑하자는 겁니다. 예를 들어, 앞에서 말한 영화 〈핸드폰〉과 〈카트〉의 상황처럼 고객에게 성희롱을 당하거나 다짜고짜 무릎을 꿇게 하는 상황에서도 나를 잃지 않고 여전히 사랑하는 것을 말합니다.

그런데 실상은 그게 잘 안 됩니다. 이런 일을 겪게 되면 이제껏 나를 중심으로 움직이던 세상이 고객 중심으로 움직이면서 일순간 나는 무가치한 존재가 되어버립니다. 자존감에 큰 상처를 입는 거지요. 이러한 일이 잦아지면 사람은 우울증에 빠질 수 있다고 합니다. 남서울대 신정길 교수는 "우울 상태가 되면 자신을 무가치한 사람으로 느끼게 된다"고 말합니다.

서비스 현장에서 자주 맞닥뜨리는 힘들고 어려운 상황에서도 나의 가치를 잃지 않고 끝까지 나를 사랑할 수 있는 방법이 절실합니다. 이제부터 하나씩 알아봅시다.

어려움을
이겨내는 힘, 꿈

이젠 식상해질 법도 한 꿈에 관해 이야기하겠습니다. 귀가 닳을 만큼 들어서 이제 이골이 났을지도 모르겠습니다. 하지만 꿈은 최악의 상황에서 나를 일으켜주고 나의 가치를 발견하게 해주는 가장 강력한 힘이기에 이야기하지 않을 수 없습니다.

나도 꿈을 이룰 수 있다

주변을 둘러보면 힘들고 어려운 상황을 딛고 일어서서 자신의 꿈을 이룬 사람들을 쉽게 찾을 수 있습니다. 제 주변에도 그런 분이 있습니다. 먼저 저와 함께 일하고 있는 CS 강사를 소개합니다.

●● 꿈을 이룬 사람들 1

그녀는 고등학교를 졸업하고 연극배우가 되고 싶었답니다. 그러던 중 지인의 권유로 한 유통업체의 계산원(캐셔)으로 아르바이트를 시작했습니다. 석 달 정도만 계산원으로 일하고 연극배우가 될 계획이었습니다. 계산원으로 근무하는 동안 그녀는 말 그대로 최선을 다해 일했습니다. 오랫동안 할 일은 아니었지만 이왕 하는 일은 즐거운 마음으로 하자는 평소의 소신 때문이었답니다. 그녀의 이런 태도를 고객들이 먼저 알아차렸습니다.

하루는 이런 일이 있었습니다. 식품 매장의 계산대에서 일을 하는데 유독 그녀의 계산대에만 길게 줄이 밀려 있더랍니다. 대기하는 고객들에게 "고객님, 옆의 계산대를 이용하시면 많이 기다리지 않고 빨리 계산하실 수 있습니다"라고 정중하게 말씀을 드렸습니다. 그러자 고객들은 하나같이 "응, 괜찮아. 기다릴게. 언니가 제일 빠르고 친절해서 좋아"라고 대답하더랍니다. 고객들의 칭찬에 그녀는 더욱 재미있고 즐겁게 일할 수 있었습니다. 계산원을 시작한 지 두 달 만의 일이었지요.

그녀의 성실한 태도를 관심 있게 바라보던 팀장은 어느 날 그녀에게 "사무실에서 일하지 않겠느냐?"는 제안을 했습니다. 그녀는 "삼 개월만 일할 것이고 컴퓨터를 전혀 하지 못한다"는 이유로 거절했습니다. "남은 시간 동안이라도 일해주면 좋겠고, 컴퓨터는 배우면 되지 않겠느냐?"며 팀장은 사무실로 출근할 것을 재차 권유합니다. 결국 사무실로 출근을 하게 된 그녀는 남들보다 두 시간 일찍 출근하고 퇴근 후에도 서너 시간씩 남아 컴퓨터 공부를 했습니다. 그녀가 사무실에서도 인정받을 수 있었던 것은 어찌 보면 아주 당연한 일이었지요. 즐거운 마음으로 일하다 보니 자신도 모르게 처음 일하기로 했던 삼 개월을 넘겨 일 년이 훌쩍 지나버렸습니다. 그 사이에 팀장의 추천으로 정규 직원도 되었습니다.

삼사 년의 시간이 더 지난 어느 날 지점장이 그녀를 불렀습니다.

"이번에 회사에서 사내 서비스 강사를 뽑는다고 하니 네가 다녀오도록 해라."

지점장의 말에 그녀는 덜컥 겁부터 났다고 합니다. '고졸인 데다 남들 앞에서 제대로 이야기해본 적도 없는데 과연 강사를 할 수 있을까?'라는 두려움 때문이었지요. 그렇게 우여곡절 끝에 사내 서비스 강사 교육을 받게 되었고, 그곳에서 그녀의 인생을 크게 바꾸는 계기가 생겼습니다. 강의를 하는 강사들이 그렇게 멋있어 보일 수 없더랍니다. '나도 저들과 같은 강사가 되고 싶다'는 꿈을 갖게 된 것이죠.

강사라는 꿈이 생기자 그녀는 외모부터 바꾸기 시작했습니다. 머리는 항상 뒤로 넘겨 단정하게 묶었고, 복장도 전문 CS 강사들을 모델 삼아 그들과 비슷하게 입으려 노력했습니다. 말투와 목소리도 교육 기간에 배운 보이스 트레이닝을 기억하며 정중하고 신뢰감을 줄 수 있도록 매일 연습했습니다. 이렇게 그녀는 사내 서비스 강사를 시작했습니다. 자신의 원래 업무와 겸임을 해야 했지만 하나도 힘든 줄을 몰랐답니다. 꾸준한 노력으로 지점에서 사내 서비스 강사로 활동하던 그녀는 삼 년 전부터 본사 교육부서의 부름을 받아 겸임이 아닌 전문 서비스 강사로 업무를 수행하고 있습니다.

그녀는 지금 더 큰 꿈을 꾸고 있습니다. 사내뿐만 아니라 전국을 다니며 자신을 가르치던 강사들처럼 전문 CS 강사가 되고, 나중에는 자신의 이름을 딴 교육연수원을 짓겠다는 꿈입니다. 이러한 꿈을 이루기 위해 자신의 부족함을 극복하고자 방송통신대 교육학과에 입학했습니다. 4년 과정을 마친 그녀는 현재 중앙대학교 대학원에 입학해 '기업교육'을 본격적으로 공부하고 있습니다. 그녀를 통해 저는 '꿈의 소중함'을 깊이 깨달았습니다.

●● 꿈을 이룬 사람들 2

'공장 근로자에서 건설 노무자로, 다시 임원 차량 운전기사에서 보일러공으로 일하다가 야간대학에서 금융 관련 자격증을 아홉 개나 딴 후 43세의 나이로 은행 창구 직원이 되고, 이후 꿈에 그리던 은행 지점장에 오르다.'[1]]

도저히 한 사람의 이력이라고는 생각하기 힘든 파노라마 같은 인생입니다. 몇 년 전 많은 언론에서 기사화되어 감동을 주었던 기업은행 신당동 지점장 이철희 씨의 이야기입니다. 그는 전남 영암에서 1974년에 중학교를 졸업한 후 무작정 상경해 갖은 고생을 했지만 지금의 자신을 만든 것은 바로 꿈이었다고 합니다.

"하나를 이루고 나니까 다른 꿈을 꾸게 되더군요."

●● 꿈을 이룬 사람들 3

싱가포르에서 태어나자마자 고아가 된 한 소녀는 말레이시아의 한 할머니에게 입양돼 탄광촌 판잣집에서 자랐습니다. 친부모의 얼굴은 본 적도 없었습니다. 소녀는 매일 물을 길어오기 위해 꼭두새벽부터 일어나 먼 길을 떠났고, 하루에 두 시간만 전기가 들어오는 환경에서 자랐습니다. 소녀 가장으로서 가족의 생계를 책임져야 했기에 학창 시절부터 각종 물품을 내다 팔며 돈을 벌었습니다. 아홉 살 때는 나무로 가방도 만들고 장례식장에서 피리도 불었습니다.

그녀는 스물여덟 살에 창업해 동남아 최고의 여성 갑부(2011년 순자

산 4억 6000만 달러)로 선정되며 '물의 여왕'으로 불리는 싱가포르 하이플럭스(Hyflux)의 최고경영자 올리비아 럼(Olivia Lum)입니다. 영국 파이낸셜타임즈가 선정한 '세계에서 가장 영향력 있는 여성 기업인' 순위에서 35위(2011년)에 뽑히기도 한 그녀는 조선일보와의 인터뷰에서 이렇게 말했습니다.

"매 순간이 위기였지만 어떤 상황에서도 긍정적으로 세상을 봤습니다. 세상을 구하기 위한 꿈을 꾸었더니 그 꿈이 나를 구하더군요."

젊은 세대에게 조언을 해달라고 하자 그녀는 이렇게 말했습니다.

"어떤 꿈이든 가지세요. 꿈을 갖고 노력하다 보면 기회가 찾아옵니다. 기회는 당신이 만드는 것입니다. 그리고 그 기회를 잡으세요. 꿈이 없으면 당신의 모든 것이 끝납니다. 꿈꾸는 것을 멈추지 마세요."[2)]

●● 힘들수록, 꿈

이렇게 꿈은 개인의 삶을 완전히 뒤바꿔놓을 만한 힘을 갖고 있습니다. 자칫 평범할 수도 있었던 한 사람의 인생을 좀 더 가치 있고 의미 있는 삶으로 인도하는 원동력이 되어줍니다.

저는 강의를 마치면 청중들에게 종이를 나누어주며 자신의 꿈을 적어보도록 합니다. 가장 많은 답변은 '자녀들이 성공하는 것', '가족들이 건강하게 사는 것' 등 가족과 관련된 것들입니다. 나쁘지는 않습니다. 그러나 꿈에서조차 '나'는 없는 경우가 많더군요. 부모가 되는 순간 자신의 꿈은 자녀에게 투영됩니다. 그러다가 자녀가 자신이 원하는 대로 성장하지 않으면 "내가 너를 어떻게 키웠는데…" 하며 푸념을 늘어놓게 되는 겁니다. 자녀의 학원비를 벌기 위해 힘든 감정노동을 참아온 게 억울하기도 합니다. "내 나이가 몇인데, 먹고살기도 바쁜데 무슨 꿈이냐?"고 반문할지도 모르겠습니다. 하지만 나를 위한 나만의 꿈은 어려움을 극복할 수 있는 가장 강력한 힘이 되어준다는 사실을 잊어서는 안 됩니다.

앞의 사례에서 살펴본 것처럼 꿈을 이룬 사람들의 공통적인 특징은 어려움에 처했지만 꿈을 바라보며 그 많은 어려움을 이겨냈다는 점입니다. 어린 시절 성폭행을 당해 사생아를 출산하고 흑인으로서 온갖 차별을 겪었던 오프라 윈프리. 그녀 역시 꿈에 대해 이렇게 말합니다.

"인생에서 할 수 있는 가장 높고 넓은 꿈을 꾸어라. 인생은 여러분이 믿는 대로 이루어지기 때문이다."(1997년 웨슬리대학교 졸업식 축사에서)[3]

나를 사랑하려면 나에게 꿈부터 선물하세요

물론 꿈을 갖는다고 해서 그 꿈을 모두 이루는 것은 아닙니다. '열심히 돈을 벌어 내 가게를 하나 차리겠다'는 꿈을 품고 성실히 최선을 다하지만 생각보다 돈이 잘 모이지 않을 수 있습니다. '지금 다니는 회사의 CEO가 되겠다'는 포부를 품고 직장에서 온갖 노력을 다하지만 유리천장(Glass Ceiling; 보이지 않는 장벽, 직장에서 승진 시 성차별 혹은 인종차별 등과 같은 각종 차별로 인해 승진에 제약을 받는다는 뜻의 용어)에 부딪힐 수 있습니다. 꿈이 좌절되는 주변 사람들을 보면서 '꿈을 이룰 수 있을지도 모르는데 굳이 꿈을 가질 필요가 있느냐?'는 의문을 가질 수도 있습니다. 이에 대해 미국의 저널리스트이자 교수인 찰스 윌런(Charles Wheelan)의 대답은 새겨볼 만한 가치가 있습니다.

"정상에 올라서면 어떤 풍경이 보일지 기대하고 삶을 살아가기보다는 그 여정에서 즐거움을 찾아라. 정말 근사한 것은 산 정상에서 본 전망이 아니라 여정 그 자체다."[4]

꿈을 이루어가는 과정만으로도 행복과 만족감을 얻을 수 있다는 의미로 해석할 수 있습니다.

상상해보십시오. 방금 이륙한 비행기의 승객이 자신이 비행기를 제대로 탔는지 걱정스러워 기장에게 "이 비행기는 어디로 가는 겁니까?"라고 물었는데 "잘 모르겠는데요"라고 대답한다면 어떻겠습니까? **우리는 인생이라는 긴 여행을 이미 시작했습니다. 그 여행의 방향은 꿈에 의해 좌우됩니다. 꿈이 없는 것은 어디로 갈지 모른 채 비행기를 모는 기**

장과 큰 차이가 없습니다. 어떤 이유에서든 꿈을 갖는 것에 대해 회의적이라면 미래학자 최윤식의 조언을 되새겨보시기 바랍니다.

> 성공은 말 그대로 꿈일 뿐이다. 그것도 여름 한낮 짧은 잠 속에서 맛보는 달콤한 꿈처럼 깊은 허무함만 남길 수 있다. 그렇다면 꿈을 포기해야 할까? 아니다. 꿈을 포기하면 그 순간 모든 것을 포기하게 된다. 꿈을 포기하기보다는 꿈을 이루는 방법을 찾아야 한다.[5]

세상을 살아가면서 자신의 가치를 발견하고 진정 자신을 사랑하고 싶다면 자신에게 꿈을 선물해야 합니다. 목적지가 분명한 비행기가 의미가 있듯이 사람의 가치는 자신이 가진 꿈에 의해 결정된다고 해도 과언이 아닙니다.

얼마 전 발 사진이 화제가 되었습니다. 발 사진의 주인공은 김연아, 강수진, 손연재였습니다. 큰 성공을 거두고, 얼굴에 몸매까지 아름다운 세 여인들의 발은 차마 눈으로 보기 힘들 정도로 깊은 상처와 굳은 살로 가득 차 있었습니다. 그녀들이 정상의 자리에 서기까지 수만 번 넘어지고 부상을 겪었음을 단번에 알 수 있었습니다. 그녀들은 왜 그런 고통과 어려움을, 그리고 눈물을 참아냈을까요? 이것이 바로 꿈의 힘입니다. **지금의 어려움과 고통을 이겨내고 다시 일어서는 것, 그것은 꿈**

을 통해 가능해집니다.

　제가 서비스를 이야기하다가 갑자기 꿈을 들먹이는 이유가 여기에 있습니다. 우리는 서비스 현장에서 고객에게 무시를 당하거나 과격한 고객에게 시달릴 때 마음의 상태와는 상관없이 고객 앞에서 항상 웃도록 강요당하는 상황에 노출되어 있습니다. 꿈은 이러한 상황에서 지혜롭게 대처하고 극복할 수 있는 힘을 제공해줄 것이라 확신합니다.

　꿈이 있으면 어려움도 미래를 위한 과정으로 받아들일 수 있습니다. 그러나 꿈이 없다면 하루하루 살아가는 것이 고통이고 고난의 연속입니다. '내가 뭐 때문에 이 고생을 하고 있나?', '당장 때려치울까?'라는 푸념과 불평만 하게 됩니다. 하루하루가 고통이고 불평으로 가득한데 어떻게 나를 사랑할 수 있겠습니까? 그래서 저는 사람들이 자기 자신을 사랑하고 있는지에 대한 증거를 '꿈을 갖고 있는가?'로 판단합니다. 꿈은 현재의 고난을 이겨내도록 도와줄 뿐만 아니라 나를 사랑하는 증거가 됩니다.

　그러니 자신을 사랑한다면, 사랑하고자 마음먹었다면 먼저 자신에게 꿈을 선물하십시오.

구겨지고 밟혀도

날개를 크게 다친 독수리 한 마리가 벼랑 위에서 깊은 생각에 잠겼습니다. 그는 몇 번이나 하늘 높이 날아오르려고 했으나 다친 날개로는 도저히 그럴 수가 없었습니다.

"독수리가 하늘 높이 날 수 없다는 것은 더 이상 살아갈 가치가 없다는 거야."

그는 날기를 포기하고 지난날을 생각했습니다. 태어나자마자 형제들을 벼랑 아래로 떨어뜨리던 아버지 생각이 났습니다.

"넌 위대한 독수리가 될 자격이 있다!"

벼랑에서 살아남은 그에게 뺨을 비비며 기뻐하던 아버지가 보고 싶었습니다. 그러나 아버지에 대한 그리움보다 더 이상 위대한 독수리로 살아갈 수 없게 된 상처의 아픔이 더 컸습니다.

"나는 평범한 새가 아니야. 가장 하늘 높이 나는 새들의 왕이야. 그런데 이게 뭐야. 이제 가장 낮게 나는 새가 되어버렸어. 이렇게 사느니 차라리 죽는 게 나아."

그는 벼랑 아래를 오랫동안 내려다보았습니다. 벼랑 아래에는 죽은 독수리들의 뼈들이 수북이 쌓여 있었습니다. 그 속에는 아버지의 뼈도 있었습니다.

"독수리로서 자존심을 지키는 일은 이 방법밖에 없어!"

그는 아버지를 떠올리며 벼랑 아래로 뛰어내리려고 몸을 잔뜩 웅크렸습니다. 순간, 어디선가 대장 독수리가 쏜살같이 하늘에서 내려와 "잠깐!" 하고 소리쳤습니다.

"형제여, 왜 자살을 하려고 하는가?"

대장 독수리가 그를 가로막고 다정한 목소리로 물었습니다.

"차라리 죽는 게 나을 것 같아서 그렇습니다."

"차라리 죽는 게 낫다니, 왜 그런 생각을 하는가?"

"저는 더 이상 높이 날 수가 없습니다. 독수리의 명예를 잃게 되었습니다."

대장 독수리는 한동안 그를 말없이 바라보았습니다. 그러고는 그를

독수리는 하늘의 제왕입니다.
그런데 상처 없는 독수리가 있을까요?

향해 날개를 활짝 폈습니다. 그의 몸엔 여기저기 상처 자국이 나 있었습니다. 솔가지에 찢긴 자국, 다른 독수리에게 할퀸 자국 등 수많은 상흔으로 얼룩져 있었습니다.

"나를 봐라. 내 온몸도 이렇게 상처투성이잖니? 상처 없는 독수리가 어디 있겠니?"

자살하려고 했던 독수리는 대장 독수리의 말에 고개를 푹 숙였습니다. 그러자 대장 독수리가 조용히 말을 이어나갔습니다.

"이건 겉에 드러난 상처일 뿐이다. 내 마음의 상처는 이보다 더하다. 일어나 날아보자. 상처 없는 독수리는 이 세상에 태어나자마자 죽어버린 독수리뿐이다."

이 독수리 이야기는 시인 정호승의 산문집 《내 인생에 힘이 되어준 한마디》에 나오는 우화입니다. 세상이 나를 중심으로 돌아갈 때 나를 사랑하는 것은 그리 어렵지 않습니다. 모든 일이 원하는 대로 풀려나갈 때는 '나는 소중한 사람, 가치 있는 사람'이라는 사실을 의심하지 않습니다. 문제는 실의에 빠진 독수리처럼 상처를 받고 자존심이 꺾이고 열심히 해도 잘되지 않을 때입니다. 그런 때에도 나를 사랑하고 '나의 가치는 소중하다'고 생각하기란 쉬운 일이 아닙니다.

우리는 살아가면서 힘들고 어렵고 자존심 상하는 상황을 자주 맞닥

뜨립니다. 사랑하는 가족에게 마음의 상처를 받기도 하고, 직장에서는 상사나 고객으로부터 심한 모욕을 당하기도 합니다. 그러나 다른 사람에 의해서 나의 가치와 존재 의미가 손상되는 경우보다 더욱 경계해야 할 것이 있습니다. 바로 자기 자신입니다. '여자의 적은 여자'라는 말처럼 '나의 적은 바로 나'인 경우가 많기 때문입니다. 리더십 전문가 존 맥스웰(John Maxwell)은 이런 말을 했습니다.

"어떤 사람이 길을 가는데 복면 쓴 강도가 길을 막고 서 있었습니다. 그 강도가 계속 자기 앞을 방해하고 괴롭혔습니다. 그래서 이 인간이 누구인가 하고 복면을 벗겨보았더니 바로 자기 자신이었습니다."

실의와 절망은 어디에서 시작되는 걸까요? 처음에는 외부환경에 의해 발생되는 경우가 대부분입니다. 어떤 사람은 그런 상황을 의연하게 극복하는가 하면, 어떤 사람은 벼랑 위에 선 독수리처럼 포기하려는 사람도 있습니다. 어느 신경정신과 전문의는 외부 공격에 대한 면역력의 차이 때문에 이러한 차이가 생긴다고 말했지만 저는 이것을 '나를 사랑하는 정도의 차이' 때문이라고 말하고 싶습니다.

구겨진 10만 원짜리 수표

어느 대학교수가 강의 도중 갑자기 10만 원짜리 수표를 꺼내 들었습니다. 그리고는 청중을 향해 이렇게 외쳤습니다.

"이 수표를 가질 사람 손들어보세요."

이 말에 청중의 대부분이 손을 들었습니다. 그러자 교수는 갑자기 수표를 손에 쥐고는 구기기 시작합니다. 여러 차례 손으로 꼭꼭 쥐며 구기더니 다시 청중에게 묻습니다.

"이 수표를 가질 사람 손들어보세요."

여전히 대부분의 청중들이 구겨진 수표를 갖겠다고 손을 들었습니다. 교수는 여기에서 그치지 않습니다. 구겨진 수표를 바닥에 던지더니 발로 밟기 시작합니다. 바닥에서 쿵쿵 소리가 들릴 정도로 수표를 밟은 후에 청중을 향해 또 한 번 외칩니다.

"이 수표를 가질 사람 손들어보세요."

이번에도 마찬가지로 손을 드는 청중의 수는 줄지 않았습니다. 이미 수표가 심하게 구겨지고 밟혔는데도 말이지요. 교수는 이렇게 말을 이어갑니다.

"여러분은 10만 원짜리 수표가 구겨지고 밟혔을지라도 그 가치는 전혀 변하지 않는다는 사실을 잘 알고 있군요. '나의 가치' 역시 마찬가지입니다. 구겨지고 밟혀도 나의 가치는 전과 다르지 않게 소중합니다. 실패하고 사회의 바닥으로 떨어진다 할지라도 좌절하지 마십시오. 여러분의 가치는 어느 무엇보다 소중하답니다."

저는 사람의 가치를 이보다 더 쉽고 설득력 있게 설명한 예를 본 적이 없습니다. 그래서 저는 '나를 사랑하기'에 대해 강의할 때마다 이 사례를 이야기합니다. 이야기하는 것에만 그치지 않고 실제로 10만 원짜리 수표를 준비해서 앞의 대학교수가 했던 대로 합니다. 반응은 역시 같습니다. 손으로 구기고 발로 밟은 후에 "수표를 갖겠느냐?"는 질문에 청중들 대부분은 손을 듭니다. 오히려 뒤로 갈수록 수표를 갖겠다는 경쟁은 더욱 치열해집니다. 저는 한걸음 더 나아가 수표를 갈기갈기 찢습니다. 그러면 견본 수표임을 알지 못하는 청중들은 여기저기서 탄성을 지릅니다. 어떻게 그 아까운 돈을 찢느냐는 겁니다. 수표를 다 찢고 바닥에 뿌린 후 저는 한 번 더 묻습니다.

"이제 수표는 갈기갈기 찢어졌습니다. 이래도 수표를 가지실 분은 손을 들어주십시오."

이 질문에도 역시 꽤 많은 청중들이 손을 듭니다. 수표를 가져다 쓰기란 거의 불가능해졌는데도 말입니다. 이때 저는 이렇게 묻습니다.

"수표가 갈기갈기 찢어졌음에도 갖고 싶다는 것은 이 수표가 아직도 얼마짜리라고 생각하시기 때문입니까?"

"10만 원이요."

청중들은 한 목소리로 대답합니다.

우리는 구겨지고 밟히고 심지어 찢긴 수표에도 원래의 금액과 동일한 가치를 부여합니다. 하지만 자기 자신에 대해서는 어떤가요? 과연 자신이 가족, 상사, 고객에 의해 구겨지고 밟혀도 여전히 자신의 가치를 소중히 여기며 자신을 사랑하고 있나요?

저는 수표의 입장이 되어 생각해보았습니다. 구겨지고 밟힌 수표는 이렇게 생각할지도 모르겠더군요.

'이렇게 구겨지고 밟혔으니 수표로서는 이제 쓸모없게 되었구나.'

이렇게 생각한 수표는 앞서 본 우화의 독수리처럼 자살을 시도하기 위해 절벽을 찾아 나설지도 모릅니다. 우화에서는 가능한 얘기지만 수표나 독수리가 자기 자신을 극단적인 죽음의 자리로 내몰 수는 없을 겁니다. 그러나 사람은 어떻습니까? 당연한 말이지만 사람은 가능합니다.

한국이 OECD 가맹국 중 자살률이 가장 높다는 것은 이미 잘 알려진 사실입니다. 최고의 인기를 누리던 연예인, 대기업 회장, 대학 총장, 샛때같은 어린 학생들에 이르기까지 소중하고 안타까운 생명들이 자살로 생을 마감합니다. 1년에 평균 400여 명이 한강에 투신한다고도 합니다. 이유가 무엇일까요? 구겨지고 밟힌 수표에 대해서는 '아직도 10만 원의 가치가 있다'고 하면서 자신이 그런 상황에 처하면 '나는 쓸데없고 가치 없는 존재'로 인식하기 때문은 아닌지 조심스럽게 생각해봅니다.

인지치료의 창시자 아론 벡(Aron. T. Beck) 교수는 처음으로 우울증에 인지치료를 적용한 학자로 유명합니다. 그는 사람들에게 우울증이 생기는 두 가지 핵심 믿음이 있다고 규정하였는데요. 첫째는 '나는 능력이 없다'이며, 다른 하나는 '나는 사랑받지 못한다'입니다. 결국 사람을 극단적인 자리로 내모는 우울증의 원인이 '나를 사랑하느냐, 그렇지 않느냐'의 차이임을 알 수 있습니다. 그러나 자살이라는 것이 어디 그렇게 쉬운 일입니까?

'어떻게 사람은 자신을 그렇게 극단적인 상황으로 내몰 수 있을까?'라는 생각을 하던 중 이민규 한국성서대학교 교수의 《신앙, 그 오해와 진실》을 읽다가 자살을 선택하는 사람들의 마음을 조금은 이해할 수 있었습니다.

"많은 사람들이 죽음을 두려워하지만 죽음보다 훨씬 더 무서운 것이 있다. 사랑받지 못하고 사랑하지 못하는 상태에 있을 때 인간은 죽음보다 더 무서운 상황을 겪는다. 실제로 자살을 선택하는 사람을 보면 삶의 의지가 약해서가 아니다. 그들은 죽음보다 더 삶을 힘들게 하는 고독과 불안함을 견디지 못해서, 아니 이미 죽음보다 더한 상태에 처했기 때문에 죽음을 선택한다. 실제로 죽음보다 더 무서운 사망, 그것은 사랑이 없는 상태다."

사람에게 사랑이 얼마나 중요한지를 단적으로 보여주는 말입니다. 부자 혹은 가난함, 학력의 높고 낮음, 나이의 많고 적음이 문제가 아니라 자신을 사랑할 이유를 잃어버린 사람은 세상을 살아갈 의미 자체를 잃게 되는 것입니다.

세상이 나 중심으로 돌아갈 때 나를 사랑하는 것은 어렵지 않습니다. **문제는 세상이 나를 중심으로 돌아가지 않을 때입니다. 내가 구겨지고 밟히는 상황 말입니다. 그런 때일수록 더욱 나를 사랑할 수 있어야 합니다. 그것이 나를 지켜내는 방법입니다.** 수표가 구겨지고 밟혀도 아직도 10만 원의 가치가 있는 것처럼 말이지요.

마음의 병을 만드는
마음의 착시

아래의 두 그림 가운데 중앙에 있는 원의 크기가 더 큰 것은 무엇일까요?

이미 아시는 분도 있겠지만, 왼쪽과 오른쪽 그림의 중앙 원의 크기는 동일합니다. 하지만 우리 눈에는 오른쪽에 있는 원이 더 커 보입니

다. 왜 그럴까요? 바로 주변에 있는 다른 원들 때문입니다. 주변을 둘러싼 원의 크기에 따라서 중앙에 있는 원은 상대적으로 커 보이기도 하고 작아 보이기도 합니다. 우리는 이런 현상을 '눈의 착시'라고 말합니다.

사람들은 자신의 눈으로 들어오는 모든 정보를 진실한 것으로 믿으려는 경향이 있습니다. 그러나 눈으로 들어오는 정보가 뇌에서 어떤 처리 단계를 거치면서 착시가 생깁니다. 전문가들은 '모든 종(種)은 자기 고유의 착시가 있으며, 이는 각자가 처한 환경과 조건의 차이, 그리고 이들이 인식하는 세상의 차이에 의한 것'이라고 설명합니다.[6] 동물들이 적으로부터 자신을 보호하거나 짝을 찾기 위해 착시를 이용한다고도 합니다. 이유가 무엇이든 착시는 우리가 눈으로 인식하는 많은 정보에 오류가 있을 수 있음을 가르쳐줍니다.

눈이 착시를 일으키는 것처럼 우리의 마음도 착시를 일으킵니다. 예를 들면 이런 겁니다.

A씨에게는 세상을 다 주어도 바꿀 수 없는 사랑하는 아들이 있다. 어려서부터 제법 공부를 잘했던 아들을 뒷바라지하기 위해 결혼 후 그만두었던 간호사 일도 다시 시작했다.

그런데 아들이 고3이 되어 대입 수능시험을 치르고 자신이 원하는 학과에 지원을 했지만 아쉽게도 불합격하고 말았다. 평소 아들에게 자신감을 심어주는 것이 가장 중요하다고 생각하던 A씨는 실의에 빠진 아들을 격려했다.

"아들아, 괜찮아. 다시 도전해보자. 엄마가 계속 응원할게."

실의에 빠진 아들에게 친구들이라도 만나서 기분 전환을 하라며 용돈도 쥐어주었다. 그날 저녁은 특별히 아들이 좋아하는 불고기를 해주려고 열심히 요리를 하고 있는데, 이웃집에 사는 친구가 찾아왔다. 친구의 딸도 고3 수험생이었다.

"자기야, 아들 어떻게 됐어? 우리 딸 이번에 Y대에 합격했잖아."

이 말을 듣는 순간 조금 전까지 애지중지하던 아들이 갑자기 작아 보인다. 다시 도전해보자며 격려하고 불고기 반찬을 만들어주려던 마음은 어디 가고 아들이 꼴도 보기 싫어진다.

A씨에게 왜 이런 마음의 변화가 생긴 걸까요? 바로 마음의 착시 때문입니다. 친구의 딸과 비교하니 아들이 한없이 작아진 거죠. 이뿐만이 아닙니다. 연애시절에는 그리도 듬직해 보였고 결혼하고서는 가족을 위해 성실하게 최선을 다해 항상 고마운 남편인데 옆집 남편이 승진했다, 연봉이 얼마다라는 말을 듣는 순간 내 남편은 작아 보입니다. 평소 '금슬 좋기로 소문난 부부'라는 사실도 전혀 위로가 되지 않습니다. 외제

차를 모는 사람, 넓은 아파트에 사는 사람, 외국 유학을 다녀온 사람, 인사권을 가진 직장상사, 물건을 구매하는 고객 앞에서 우리는 한없이 작아지고 맙니다. 이런 모든 상황이 우리의 마음을 병들게 하는 마음의 착시입니다.

자신의 모습을 볼 때도 마음이 착시를 일으킵니다. 이 사실을 증명하는 재미있는 실험이 있습니다. 2013년 칸 영화제에서 그랑프리를 수상한 광고를 보신 적이 있으신가요? 생활용품 업체 도브(DOVE)의 광고인데 내용은 이렇습니다.

전직 미연방수사국(FBI)에서 몽타주를 그리는 화가였던 남성이 커튼을 사이에 두고 앉아 있다. 잠시 후 화가는 커튼 건너편 방으로 들어온 여성이 묘사하는 대로 몽타주를 그리기 시작한다. 여성은 자신의 눈, 코, 입, 턱의 생김새를 설명한다. 그림이 다 그려지면 여성은 방을 나가고 다른 사람이 들어온다. 화가는 조금 전 방을 나간 여성의 생김새를 묘사해달라고 요청한다. 두 번째 들어온 사람과 방을 나간 여성은 그날 처음 만나 서로를 전혀 모르는 사이이다.

그렇게 두 개의 그림이 완성된다. 하나는 자신이 직접 설명한 그림, 다른 하나는 타인에 의해 묘사된 그림이다.

그런데 놀랍게도 두 개의 그림에는 큰 차이가 있다. 심지어 두 그림이 전혀 다른 사람처럼 보인다. 스스로 자신을 묘사한 그림에 비해 타인의 설명에 의해 그려진 얼굴이 훨씬 더 밝고 아름다웠다. 실제 모습에도 훨씬 가까웠다.

여성들은 자신을 실제보다 못생겼다고 생각한다는 통념을 증명해 주는 광고였습니다. 위 광고에서 스스로의 모습을 더 아름답게 묘사한 경우는 전체 참가자의 4%에 불과했다고 합니다.

이렇듯 마음의 착시는 나 자신의 가치를 인정하고 나를 사랑하는 데 가장 큰 장애요소이며 마음의 병을 일으키는 요인이 됩니다.

마음속
비염 탈출

한 편의 동화 내용을 살펴볼까요?

웸믹이라는 작은 나무사람들이 있었습니다. 그들은 모두 엘리라는 목수가 만들었지요. 웸믹에게는 매일 하는 일이 있었습니다. 금빛 별표와 잿빛 점표가 든 상자를 들고 다니면서 만나는 이마다 서로 별표나 점표를 붙여주는 일이었습니다. 재주와 용모가 뛰어난 웸믹들은 금빛 별표를 받았습니다. 그러나 실수가 잦고 칠도 벗겨진 못생긴 웸믹은 잿빛 점표만 온몸에 붙여야 했습니다.

펀치넬로는 잿빛 점표만 받았습니다. 그러다 보니 점점 다른 웸믹들을 피해 다니거나 밖으로 나가지 않게 되었습니다. 그러다가 우연히 몸에 아무런 별표나 점표를 붙이지 않은 루시아를 만나게 됩니다. 루시아는 의기소침해 있는 펀치넬로에게 엘리 아저씨를 만나볼 것을 권유합니다. 용기를 내서 펀치넬로는 엘리 아저씨를 찾아갑니다. 엘리 아저씨는 부드러운 목소리로 펀치넬로에게 이렇게 말합니다.

"남들이 어떻게 생각하느냐보다 네가 어떻게 생각하느냐가 중요하단다. 난 네가 아주 특별하다고 생각해."

맥스 루케이도(Max Lucado)가 쓴 동화《너는 특별하단다》의 줄거리입니다. 이 동화는 애니메이션, 뮤지컬, 인형극 등으로 제작되어 어린이들에게 자신의 소중함을 일깨워주고 있지요. 맥스 루케이도는 자신이 쓴 다른 동화《아주 특별한 너를 위하여》에서 이런 말을 합니다.

"너는 너이기 때문에 특별하단다. 특별함에는 어떤 자격도 필요 없으며, 너라는 이유만으로 충분하단다."

이렇게 자신의 소중함을 알아야 하는 게 비단 아이들만의 일일까요? 남들에 비해 자신을 작아 보이게 만드는 것이 마음의 착시라고 말씀 드렸습니다. 저는 마음의 착시라는 마음의 병을 치료하기 위해 '비염 탈출'이라는 처방을 드리고 싶습니다.

처방이라는 단어를 쓰니 너무 거창하다는 생각도 드는군요. 비염에 걸려보셨거나 지금도 앓고 계시다면 그것이 얼마나 괴롭고 힘든 질병인지 잘 아실 겁니다. 저의 아들이 비염 환자입니다. 비염 환자들은 특히 환절기가 되면 더 많이 힘들어 합니다. 흐르는 콧물을 막으려고 코를 휴지로 틀어막는 통에 숨을 제대로 쉬기 어렵습니다. 눈은 빨갛게 충혈이 된 채 심한 두통에 시달리기도 하구요. 밤에는 잠도 제대로 못 이룹니다. 이런 아들을 바라보는 부모의 심정이 어떻겠습니까?

주변에 비염 때문에 고생하는 사람들을 보면서 저는 우리 마음에도 비염이 있음을 깨닫게 되었습니다. 마음의 비염은 마음의 착시가 원인입니다. 여기서 말씀 드리는 마음의 비염은 '비교의식'과 '염려'의 첫 글자에서 따온 말입니다. 쉽게 기억하려고 만든 말이지요. 그러면 하나씩 살펴보겠습니다.

마음속 비염 1_ 비교의식

원작이 영화로도 제작되어 2014년 개봉한 《꾸뻬 씨의 행복여행》의 주인공 꾸뻬 씨는 정신과 의사입니다. 그는 자신의 지친 삶에 새로운 동기를 부여하고자 여행을 결심하고 첫 여행지인 중국으로 떠납니다. 운이 좋게도 꾸뻬 씨는 자신이 예약한 비행기 좌석보다 더 많은 돈을 지불해야 하는 좌석을 얻게 됩니다. 비행기의 탑승객이 너무 많았기 때문이었지요. '비즈니스 클래스'라는 이름이 붙은 좌석에서 꾸뻬 씨는 행복했습니다. 의자는 더할 나위 없이 편하고, 여승무원들의 미소와 친절에 뜻밖의 선물을 받은 것 같았습니다.

그의 옆 좌석에는 출장 차 중국에 가는 비비엥이란 사람이 앉아 있었습니다. 꾸뻬 씨는 비비엥도 자신처럼 만족스런 여행을 하고 있을 거라 생각하고 "너무나 편안한 의자군요!"라는 말을 합니다. 그런데 비비엥은 투덜거립니다.

"흥, 이 의자는 퍼스트 클래스보다 훨씬 덜 눕혀지는걸요."

꾸뻬 씨는 비비엥이 줄곧 비즈니스 클래스로 여행해오다가 어느 날 단계를 높여 퍼스트 클래스에 탑승했고, 그 이후로 계속 퍼스트 클래스의 좌석을 기억하고 있다는 것을 알아차립니다. 비비엥과 꾸뻬 씨는 똑같은 의자에 앉아 있었지만 그들이 느끼는 감정은 확연히 달랐습니다. 여기에서 비비엥의 태도는 비교의식의 전형을 보여줍니다. 퍼스트 클래스에 비교하니 비즈니스 클래스는 전혀 만족스럽지 못했던 것이죠.

사실 우리는 작은 아파트에 살아도 월급이 100만 원이어도 남편이 승진하지 못해도 불편함과 불만 없이 행복하게 살 수 있습니다. 그런데 어느 순간 자신이 불행하다는 생각이 들면 자신과 가족이 초라하게 느껴지면서 사는 게 힘들어집니다. 그 '어느 순간'은 언제인가요? 바로 여고 동창이 40평대 아파트에 살고, 이웃의 월소득이 500만 원 이상이고, 옆집 남편이 승진했다는 소식을 들었을 때가 아니던가요? 최종 학력이 고등학교인 사람은 대학 졸업자 앞에서 작아집니다. 여기서 끝이 아닙니다. 지방대학 출신은 서울 지역 대학 출신에게, 그중에서도 소위 스카이(SKY; 서울대의 S, 고려대의 K, 연세대의 Y를 합친 말)라는 명문대 출신 앞에서 작다고 느낍니다. 그러면 스카이 출신들은 어떨까요? 그들은 아이비리그 출신 앞에서 고개를 숙일지도 모릅니다. 한 달에 500만 원을 버는 사람은 1000만 원을 버는 사람 앞에서, 1000만 원을 버는 사람은 그보다 더 많이 버는 사람 앞에서 작아지고 또 작아집니다. 러셀(Russell)의 "사람들은 경쟁을 하면서 내일 아침을 먹지 못할까 두려워하는 것이 아니라, 옆사람을 뛰어넘지 못할까 봐 두려워한다"는 말에 자연스레 고개가 끄덕여집니다. 몽테스키외(Montesquieu)도 비슷한 말을 했더군요.

"단지 행복해지려고만 한다면 쉽게 행복해질 수 있다. 그러나 우리는 다른 사람들보다 더 행복해지기를 바란다. 남들보다 행복해지는 것은 어려운 일이다. 왜냐하면 우리는 다른 사람들이 실제보다 더 행복하다고 믿기 때문이다."

강준만은 《감정독재》에서 비교의식을 '이웃 효과(neighbor effect)'라고 설명하는데요. '이웃 효과란 어떤 절대적 기준이 아니라 이웃과의 비교를 통해 자신을 평가함으로써 발생하는 효과'라고 쓰고 있습니다. 이 책에는 비교의식, 즉 이웃 효과와 관련한 경구들을 몇 가지 소개하고 있습니다.

- 우리는 우리보다 뒤처져 있는 사람들을 보고 행복해하기보다 우리보다 앞서 있는 사람들을 보고 불행해한다. (미셸 몽테뉴Michel Eyquem de Montaigne, 프랑스 사상가)
- 현실보다는 비교가 사람을 행복하거나 비참하게 만든다. (토마스 풀러Thomas Fuller, 영국의 성직자이자 작가)
- 행복한 것만으론 충분치 않다. 다른 사람들이 행복하지 않는 것도 필요하다. (쥘 르나르Jules Renard, 프랑스 작가)
- 거지는 자신보다 많은 수입을 올린 다른 거지들을 시기할망정 백만장자를 시기하진 않는다. (버트런드 러셀Bertrand Russell, 영국 철학자)
- 인생을 90년이라고 가정했을 때 우리는 그 90년을 대부분 비교하고 비교당하며 살아간다. 처음의 30년은 배우는 시기이기 때문에 성적과 학력을 비교한다. 중간의 30년은 한창 일할 시기로, 이때는 경제력과 지위가 비교거리가 된다. 마지막 30년은 노년기인데, 자녀들이 얼마나 잘사는지 자신은 또 얼마나 건강하게 오래 사는

지를 두고 여전히 남과 끊임없이 비교한다.[7] (장샤오헝張笑恒, 중국의 베스트셀러 작가)

이렇듯 비교의식은 내면 깊숙이 파고들어 마음을 병들게 합니다. 사람의 몸속에 침투해 치명적인 질병을 유발시키는 나쁜 바이러스와 같습니다.

어떻게 하면 비교의식에서 자유로워질 수 있을까요? 장샤오헝의 말대로라면 비교의식은 평생을 같이 살아야 할 것 같은데 말이지요. 이에 대해서는 심리학 박사이자 하버드 경영대학원 마케팅학과 교수인 마이클 노튼(Michael Norton)의 이야기가 도움이 될 것입니다. 그는 타인과의 비교는 어쩔 수 없는 것이라고 잘라 말합니다.

우리는 늘 타인에게 둘러싸여 있고 항상 타인을 보게 됩니다. 그러면 자연적으로 비교하게 됩니다. '아, 저 사람은 나보다 키가 크구나' 같은 식으로 말이지요. 그 때문에 '타인과 비교하는 것을 그만둡시다'라고 할 수는 없습니다. 어차피 남과 비교하는 것을 관둘 수 없다면 좀 더 건강한 방식으로 비교를 하자는 거지요.

노튼이 말하는 '건강한 비교'란 무엇일까요?

갖고 있는 물건을 비교하기란 상대적으로 쉽지요. "내 수입이 당신보다 더 많아. 내 집이, 내 자동차가 당신 것보다 커" 하는 것이 훨씬 더 명쾌하지요. 그래서 비교하는 겁니다. 하지만 큰 집을 가진 사람이 작은 집을 가진 이보다 반드시 더 행복할까요? 사람들이 작은 집에서 큰 집으로 옮기면 더 행복해질까요? 반드시 그렇지는 않습니다. 우리는 물질에 근거해 타인과 비교하는 습관을 버리고 좀 더 건강한 방법으로 비교해야 합니다. '내가 배우자에게 얼마나 진실하고 다정하게 대하나', '내가 아이들이나 친구를 위해 얼마나 많은 시간을 할애하나' 같은 기준으로 말이지요.[8]

눈에 보이는 물건, 소유, 학력 등은 비교하기가 쉽습니다. 타인이라는 분명한 비교의 대상이 있기 때문입니다. 노튼은 이제 눈을 돌려 타인이 아닌 자기 자신을, 외적인 조건이 아닌 내면적 자질을 비교의 대상으로 삼아보자는 조언을 해주고 있습니다.

저는 여기에 하나를 더 추가하고 싶습니다. 과거의 나와 미래의 나를 비교 대상으로 삼아보는 겁니다. 지금보다 좋지 않았던 과거의 나를 떠올리면 현재 누리고 있는 많은 것들이 감사의 조건이자 행복의 이유가 될 수 있습니다. 물론 과거의 내가 지금보다 더 좋았을 수도 있습니다. 그렇다면 미래의 나를 바라보는 겁니다. 지금은 이르지 못했지만 자신이 추구하는 미래를 볼 수 있다면 새로운 도전과 열정을 품게 될 것이기 때문입니다.

최근 주목받는 심리학자가 있습니다. 알프레드 아들러(Alfred Adler)입니다. 아들러는 "인간에게는 '우월성 추구'라는 보편적인 욕구가 있다"고 말합니다. 여기서 우월성의 추구란 남들로부터 주목받고 '평범함'이 아닌 '특별한 존재'가 되는 것을 의미합니다. 사람이라면 누구나 1등이 되고 싶은 욕구가 있다는 뜻으로 해석해보았습니다. 아들러는 사람들이 특별해지려는 이유를 '평범한 자신을 받아들이지 못하기 때문'이라고 설명합니다. 다른 말로 '1등 증후군' 혹은 '넘버 원 증후군'이라고 표현할 수 있겠습니다. 그러나 열심히 노력해서 넘버 원이 되고 나면 또 다른 두려움이 생겨나기 시작합니다. 언젠가는 넘버 투, 넘버 쓰리로 내려가야 한다는 두려움입니다. 세상에 영원한 1등은 존재하지 않기 때문입니다.

그래서 아들러는 행복해지려면 자신의 평범함을 받아들여야 한다고 충고합니다. 그가 말하는 '평범해질 용기'인데요. 넘버 원을 포기하고 평범을 선택하는 게 얼마나 힘든 일이면 용기가 필요하다고까지 했을까요?[9)] 아들러 심리학을 읽을 때 떠오르는 동화 한 편이 있었습니다.

강아지똥은 아무짝에도 쓸모없는 존재였다. 참새는 "똥! 똥! 에그,

더러워…"라며 날아가버렸고, 닭도 고개를 절레절레 흔들며 피했다. 그런데 이 하찮던 강아지똥이 민들레 싹의 뿌리로 스며들어가자 상황은 완전히 달라졌다. 예쁜 민들레꽃을 피워내는 소중한 거름이 된 것이다.

권정생(1937~2007년)의 아름다운 동화 《강아지똥》의 줄거리입니다. 권정생은 강아지똥이 스며든 자리에서 민들레꽃이 피어나는 장면을 본 후에 눈물을 흘리며 이 동화를 썼다고 합니다. '강아지똥처럼 보잘 것 없고 천대받는 것도 자신의 온몸을 녹여 한 생명을 꽃 피운다'는 사실에 감동을 받은 것입니다.[10]

남과 비교하면 1등이 되지 않는 이상 영원히 행복해질 수 없습니다. 1등이 아닌 평범을 받아들일 수 있는 용기, 남들에 비해 내세울 것 없어 보이지만 강아지똥처럼 자신만의 가치를 발견하는 순간 마음의 병을 유발시키는 비교의식이라는 바이러스를 몰아낼 수 있을 것입니다.

더 이상의 설명이 필요 없는 세계적인 발레리나 강수진 씨의 말로 비교의식에 대한 이야기를 마칠까 합니다.

"자기 자신과 경쟁하는 사람은 다른 사람을 시기할 시간도, 다른 사람과 비교해서 자괴감에 빠지거나 자책할 시간도 없다. 오로지 자기를 보다 나은 삶으로 묵묵히 이끌고 나갈 시간만이 존재할 뿐이다."[11]

마음속 비염 2_ 염려

두 번째 비염의 요소는 염려입니다. '많이 못 배웠다고, 많이 못 가졌다고, 좋은 직업이 아니라고 남들이 나를 무시하면 어떡하지?'라는, 대인관계 속에서 나타나는 염려가 그것입니다.

유통업체에 오래 근무하다 보니 판매하는 모습만 보면 판매직원의 경력을 쉽게 짐작할 수 있습니다. 매대 앞에서 얼굴을 제대로 들지 못하고 고객을 향해 눈도 잘 마주치지 못하는 직원들은 판매를 시작한 지 얼마 되지 않았다고 보면 틀림이 없습니다. 물론 개중에는 내성적인 성격 때문에 그럴 수 있지만, 대개는 '혹시 아는 사람을 만나지는 않을까?' 하는 염려 때문인 경우가 많습니다. 자녀의 사교육비 때문에 용기를 내서 판매 아르바이트를 시작했지만 남 말하기 좋아하는 옆집 엄마에게 들키고 싶지는 않은 겁니다.

고객을 상대해야 하는 판매직원이 이렇게 고객의 눈을 피하다 보면 어떤 일이 생길까요? 실적이 좋지 않겠죠? 그러면 당연히 관리자에게 지적을 받게 됩니다. 지적을 받은 후 다시 용기를 내서 고객에게 상품 설명을 합니다. 그러다 보면 간혹 만족한 고객이 물건을 사주기도 하는데요. 이런 경험이 한두 번 쌓이면 자신감이 생깁니다. 그때부터는 지나가는 고객을 향해 큰소리로 인사도 하고, 심지어 호객행위(?)까지 하면서 점차 숙련된 직원이 되어가죠.

사람들은 누군가와 사회적 관계를 맺으며 살아갑니다. 사람들과의 관계 속에서 있을 수밖에 없는 거절과 무시 그리고 비난은 '다른 사람이 나를 어떻게 볼까?'라는 집착과 염려에 빠뜨리게 합니다. 결국 이런 염려는 자신감을 떨어뜨리고, 다른 사람에 비해 자신의 가치를 낮게 평가해 마음에 질병을 일으키는 요인이 되지요.

'우디'라는 개는 목에 전기충격 목줄을 매고 다녔다. 마당 주변에는 전선이 죽 둘러쳐져 있었는데, 우디가 전선에 가까이 다가가면 목줄에서 경고음이 나고 만약 우디가 경고음을 무시하고 전선 가까이 가면 가벼운 전기충격이 가해진다.

우디는 어느 날 전기충격을 받았다. 이후 우디는 경고음과 충격을 연결 지어 생각하게 되었고 다시는 전선 근처에 가지 않았다. 그 후로 전선이 끊어지면서 시스템이 작동하지 않았지만 우디는 1년이 지날 때까지도 전선 근처에 가지 않았다. 우디는 누군가 목줄을 풀어주어야만 비로소 마당 밖으로 나갔다.

세스 고딘이 《시작하는 습관》에 소개한 자신의 집에서 키우던 개 우디에 대한 이야기입니다. 세스 고딘은 결론으로 이렇게 적고 있습니다.

'경계는 시스템이 아닌 개의 머리 안에 있었다.'

우리는 사람과의 관계 속에서 거절과 비난이라는 전기충격 목줄을 두르고 살아가는지도 모릅니다. 단 한 번의 전기충격에도 마당으로 나가지 못한 우디처럼 우리의 머릿속에 자리 잡은 두려움과 염려는 대인 관계뿐만 아니라 나를 사랑하는 데 큰 장애요인이 됩니다.

나폴레온 힐은 《결국 당신은 이길 것이다》('힐과 악마가 대화한다'는 독특한 방식으로 쓰인 책)에서 악마에게 인간의 마음을 지배하기 위해 어떤 술책을 쓰는지에 대해 묻습니다. 악마의 대답은 이러했습니다.

"인간의 마음을 지배하기 위해 내가 쓰는 가장 교묘한 기술 중 하나는 두려움이야. 인간의 마음속에 두려움의 씨앗을 심어놓으면 이 씨앗이 싹을 틔우고 자라나지. 그러면 나는 이 싹들이 차지한 공간을 지배하는 걸세."

악마가 말하는 두려움에는 다른 사람으로부터 비판을 받는 두려움이 포함되어 있습니다. 두려움을 극복하는 방법에 대해 오프라 윈프리는 이렇게 조언하더군요.

"두려움이 없는 사람은 없습니다. 하지만 진짜 두려움은 우리가 그 두려움에 너무 큰 비중을 두었을 때 생겨납니다. 우리가 두려움을 인식하지 않는다면 그 두려움은 유령처럼 사라질 것입니다. 분명한 것은 두려움이 우리의 삶을 지배하도록 허락해서는 안 된다는 것입니다. 그리고 두려움을 치료해줄 수 있는 유일한 것이 있다면 그것은 자신에 대한 신뢰와 용기입니다."

많은 사람들이 말하는 두려움을 극복하는 방법을 종합해보면 이렇게 정리할 수 있습니다.

'**두려움이 있다는 것을 인정하라. 거기에 머물지 말고 두려움을 향해 한 걸음을 내디뎌라. 그러면 두려움은 조금 뒤로 물러날 것이다.**'

두려움은 호랑이의 가면을 쓰고 우리를 위협하며 으르렁대는 여우에 불과하다는 사실을 잊지 마시기 바랍니다.

당신은 사랑받기 위해 태어난 사람

마음의 착시, 마음의 병을 일으키는 원인으로 '비염(비교의식과 염려)'을 살펴보면서 마음의 착시 현상과 비염을 치료할 수 있어야 비로소 자신의 가치를 인정하고 사랑할 수 있게 된다는 사실을 확인했습니다.

앞에서도 여러 차례 얘기했듯이 좋은 상황, 즉 모든 것이 잘 풀리고 하는 것마다 잘될 때는 나를 사랑한다는 게 전혀 어려운 일이 아닙니다. 오히려 그것이 지나쳐 교만함과 자만심에 빠지지 않도록 경계해야 합니다. 문제는 힘든 스트레스나 감정노동의 상황에 있을 때입니다. 생각처럼 일이 잘 풀리지 않고 사람들로부터 무시나 따돌림을 당할 때 나를 사랑한다는 것은 그리 쉬운 일은 아닙니다.

서비스 현장에서도 마찬가지입니다. 모든 고객들이 좋은 매너를 갖추고 물건도 시원스럽게 구매해준다면 얼마나 좋겠습니까? 또 내가 베푸는 친절에 엄지손가락을 추켜세우며 칭찬한다면 감정노동이라는 말은 생기지도 않았을 것입니다. 하지만 고객의 십중팔구는 '어린 아기 고객'이거나 '10원짜리 고객'인 게 현실입니다. 판매직원의 얼굴에 물건을 집어 던지기도 하고, 승무원에게 폭언을 하거나 콜센터에 전화해 성희롱을 하기도 합니다. 서비스업에 종사하는 사람들이 거의 매일 겪는 구겨지고 밟히는 상황이죠. 이런 상황에서 나의 가치를 인정하고 나를 사랑한다는 건 쉬운 일이 아닙니다.

그렇다면 나의 의지와 상관없이 이런 상황에 처했을 때 '구겨진 10만 원짜리 수표'를 떠올리면 어떨까요? 나를 사랑하려면 나의 가치를 인정하는 것부터 시작해야 하기 때문입니다. 고객은 항상 왕이고 나는 시녀나 몸종에 불과하다는 생각에서 벗어나야 합니다. 고객의 불손한 행동, 지나친 요구와 같은 응석이나 값싼 행동에도 참고 응대할 수 있는 비결은 그들에게 부모의 마음을 품고 여유 있는 마음의 부자가 되는 것입니다.

전 세계 수천만의 독자들에게 사랑받은 책 《누가 내 치즈를 옮겼을까》, 《선물》 등을 저술한 스펜서 존슨은 《행복》이라는 책에서 '행복한 삶의 비결은 나 자신을 소중히 여기는 것'이라고 쓰고 있습니다. 그는

'지금 당장 나를 소중히 하기 위해 할 수 있는 것이 무엇인가?'라는 질문을 하루에도 몇 번씩 스스로에게 던지라고 조언합니다. 그것이 행복의 비결이기 때문이겠지요.

《행복의 기원》을 쓴 연세대 심리학과 서은국 교수는 한때 한국과 미국 중에서 어디에서 살 것인지를 고민했다고 합니다. 물론 한국에 살게 된 지금을 후회하지 않지만, 한국인들에게는 공통적으로 행복의 날개가 꺾여 있는 것 같아 안타깝다고 합니다. 남들이 부러워할 만한 경제 수준에, 어디서나 친구들과 맛있는 음식을 먹을 수 있는 쾌적한 나라에 살고 있으면서도 말입니다. 이런 한국인을 향해 서 교수는 행복한 삶을 위한 한 가지 조언을 합니다.

"각자 자기 인생의 '갑'이 되어 살아보세요. 세상이 나를 어떻게 보느냐보다 내 눈에 보이는 세상에 더 가치를 두어야 합니다."[11]

한때 '당신은 사랑받기 위해 태어난 사람'이라는 가사의 노래가 인기를 끌었습니다. 기독교 음악이었지만 종교가 다르거나 없는 사람들도 많이 부르는 노래입니다. 지금도 누군가의 생일이나 축하할 일이 있을 때 종종 들을 수 있는데요. 얼마를 가졌건 얼마나 배웠건 무슨 일을 하건 간에 태어난 그 자체로 사랑을 받기에 충분하다는 가사가 가슴에 와 닿습니다.

잊지 마십시오. 이 세상을 살아가는 당신은 구겨지고 밟히는 상황에

서도 누군가에게 혹은 자기 자신에게 사랑받기에 충분한 사람입니다.

당신은 사랑받기 위해 태어난 사람

당신의 삶 속에서 그 사랑 받고 있지요.

당신은 사랑받기 위해 태어난 사람

당신의 삶 속에서 그 사랑 받고 있지요.

태초부터 시작된 하나님의 사랑은

우리의 만남을 통해 열매를 맺고

당신이 이 세상에 존재함으로 인해

우리에게 얼마나 큰 기쁨이 되는지

당신은 사랑받기 위해 태어난 사람

지금도 그 사랑받고 있지요.

당신은 사랑받기 위해 태어난 사람

지금도 그 사랑받고 있지요.

자아존중감 간단 테스트

이 테스트는 몇 가지 심리검사를 적절히 조합한 것입니다.
지나치게 의미를 부여하지 말고, 편안한 마음으로 해보시기 바랍니다.

1-매우 그렇다, 2-꽤 그런 편이다, 3-보통이다, 4-그렇지 않다, 5-전혀 아니다

1. 나는 잘한다고 자랑할 만한 것이 하나도 없는 것 같다. _____

2. 다른 사람에게 내 장점을 말하기란 어려운 일이다. _____

3. 사람들 앞에서 이야기한다는 것은 정말이지 어렵다. _____

4. 내가 한 행동이 마음에 들지 않았던 적이 오늘도
   몇 번 있었다. _____

5. 외모를 꾸미는 일에는 별로 관심이 없다. _____

6. 내가 얘기하면 남들이 비웃을 것만 같다. _____

7. 모임에서 나는 다른 사람들이 결정하는 쪽으로
   따라가는 편이다. _____

8. 혼자라고 느낄 때가 많다. _____

9. 남들에게 비난을 받을까봐 실수하는 게 두렵다. _____

10. '나 같은 게 뭐'라는 생각을 자주 한다. _____

합계 _____

38~50점 : 당신의 자존감은 높습니다. 긍정적이고 밝게 살아가고 있군요. 가끔은 주위도 돌아보며 행복 영향력을 널리 퍼뜨려주세요.

25~37점 : 자존감이 다소 낮으며 일상에서 자신을 드러내려는 노력과 훈련이 부족합니다. 좀 더 자신감을 갖고 '나는 할 수 있다', '나는 괜찮은 사람이다'라고 외쳐봅시다.

24점 미만 : 자신감을 많이 잃으셨군요. 생각보다 다른 사람은 나에게 나쁜 감정이 없습니다. 내가 나의 능력과 가치를 지나치게 과소평가할 뿐입니다. 매일 아침 이렇게 외쳐보세요. "세상은 나를 위해 창조되었다!"

1. 나를 위해, 나의 인생을 위해 선물할 꿈을 적어봅시다.

   1) 하고 싶은 일

   예) 가족과 세계일주, 몸무게 10kg 감량 등

   1)

   2)

   3)

   4)

   5)

   2) 이루고 싶은 일

   예) 30권 이상의 책을 내는 저자 되기, 석사학위 취득, 연매출 3000억 회사 경영 등

   1)

   2)

   3)

   4)

   5)

3) 나누고 싶은 것

예) 은퇴 이후 재능 기부, 독거노인 20명 후원 등

1)

2)

3)

4)

5)

2. **나를 사랑하기 위해 오늘 내가 할 수 있는 일을 생각해봅시다.**

   예) 팔짱을 끼고 자신을 쓰다듬으며 "수고 많았어, 괜찮아"라고 격려하고 칭찬하기 등

   1)

   2)

   3)

   4)

   5)

3장

'나를 향하는 서비스'의 열매, 친절

감정노동의
실태

2013년 7월 13일 모 일간지에 실린 기사 중에 서울의 한 면세점에서 실시한 고객만족서비스에 관련된 내용이 있었는데요. 그 기사에 딸린 사진이 제 시선을 끌었습니다. 기사화된 날짜를 보니 아마도 장마철이었던 것 같습니다.

사진 속 장면은 비가 내리는 날 건물 한 편으로 면세점 직원들이 우산을 받쳐 들고 서 있고 그 우산 밑으로 고객으로 보이는 사람들이 비를 피하며 편안하게 지나가는 모습이었습니다. 비록 자신은 비에 맞더라도 매장으로 들어오는 고객은 비에 젖지 않게 하려고 직원들이 우산을 최대한 고객 쪽으로 기울여주었습니다. 그러면서도 직원들 모두 하

만일 당신이 고객에게 우산을 씌워주는 직원이라면,
이 순간 어떤 생각을 하고 있을까요?

나같이 밝은 미소를 띠고 있었습니다.

그 광경에 저는 놀라지 않을 수 없었습니다. 고객만족을 넘어서 고객감동, 고객졸도의 경지에 이르는 차원 높은 서비스였습니다. 서비스 교육 자료로 활용할 심산으로 얼른 스크랩을 했습니다. 이후에도 틈날 때마다 그 사진을 보며 고객만족서비스에 대해 생각했습니다. 그런데 문득 우산을 들고 있는 직원들의 목소리가 마음으로 들려왔습니다.

'고객은 비를 맞으면 안 되는 사람들이고, 나는 비에 맞아도 괜찮은 사람인가요?'

순간 깜짝 놀랐습니다. 저 역시 유통업체에 근무하면서 이와 비슷한 일을 했던 적이 있었기 때문에 스스로에게 묻는 질문이었는지도 모릅니다.

'감정노동(Emotional Labor)'은 1983년 미국 캘리포니아주립대 앨리 러셀 혹쉴드(A. R. Hochshild) 교수가 《관리된 심장(The Managed Heart) ; 감정의 상품화》에서 처음 사용한 개념입니다. 혹쉴드 교수는 타인(주로 외부고객)의 감정을 상하지 않게 하려고 나의 감정(주로 분노의 감정)을 억누르면서 하는 노동을 감정노동이라고 말하면서, 감정노동이 직무의 40% 이상을 차지하는 사람들을 감정노동자라고 정의합니다.

혹쉴드 교수의 기준에서 본다면 근로자의 대부분이 감정노동에 시달리고 있다고 해도 과언은 아닐 텐데요. 특히 서비스 직종에 근무하는 근로자는 직무의 40%가 아니라 근로시간 내내 감정노동에 노출되어 있다는 데 문제의 심각성이 있습니다. 그렇다면 감정노동자가 그 동안 왕이라고 배우고 섬겨왔던 고객에 의해 당하는 부당한 대우는 어떤 것들이 있을까요?

노동환경건강연구소가 2013년에 근로자 2268명을 대상으로 조사한 '감정노동 종사자 건강 실태조사' 결과에 따르면 인격 무시가 87.7%로 수위를 차지했고, 그다음으로 욕설 등 폭언(81.4%), 무리한 요구(80.8%), 신체적 위협(43.3%), 성희롱 및 신체 접촉(29.9%), 폭행(11.6%) 등이 뒤를 이었습니다. 조사에 참여한 근로자들은 월평균 1.3회의 폭행과 7.3회의 욕설 등 폭언을 경험했다고 합니다.[1)]

고객에 의해 당하게 되는 여러 가지 부당한 대우는 근로자의 건강에도 치명적인 영향을 끼칠 수 있음이 같은 기사에서 보도되었는데요. 한국직업건강간호학회가 2014년에 2444명을 대상으로 조사한 '감정노동 종사자 실태조사' 결과는 전체 응답자의 58.3%가 우울감을 느끼고 있음을 알려주었습니다. 우울의 정도에 따라 약한 우울 32.7%, 중간 우울 15.2%, 약간 심한 우울 7.1%, 심한 우울 3.2%의 순이었습니다. 이는 일반 국민에 비해 상당히 높은 수준입니다. 이들 중 일부는 자살을 생각한 적이 있고, 실제 자살을 시도했던 경우(0.5%)도 있었습니다. 감정노동이 얼마나 심각한 문제인지를 단적으로 보여줍니다.

앞의 조사 결과에서 감정노동자들이 겪었다는 사례를 보면서 어떤 사람들은 '설마 그런 일이 있겠어?'라고 생각할 수도 있을 것입니다. 하지만 서비스 현장을 살펴보면 그런 일들은 넘처납니다. 콜센터에 전화해서 "사랑한다고 한 번만 말해달라"는 고객은 그래도 애교로 넘겨줄 수 있을 정도입니다. A/S센터에서 "수리보증 기간이 지나 환불이 되지 않는다"는 말에 큰소리로 온갖 욕을 서슴지 않는 고객, 무릎을 꿇리고 손찌검을 하는 고객, 음식물에서 이물질이 나왔다며(일부러 넣는 경우도 포함) 인터넷에 올리겠다고 협박하는 고객 등 소위 수퍼 갑인 고객들의 행태는 최근 들어 더욱 집요해지고 터무니없어지고 있습니다.

각 기업에서는 이런 고객을 블랙 컨슈머(Black Consumer)로 분류해 회사나 직원을 보호하려 하고 있습니다. 늦은 감은 있지만 다행스러운 일이 아닐 수 없습니다.

전문가들은 고객으로 인해 겪는 감정노동의 폐해를 줄이기 위해 다양한 해결책들을 제시하고 있습니다. "고객의 권리를 행사하는 것은 정당한 일이지만 구매를 빌미로 직원을 무시하거나 상도의에서 벗어나는 지나친 요구에 무조건적인 응대를 해서는 안 된다"고도 충고합니다. 하지만 치열한 경쟁사회에서 규정이나 원칙을 내세워 고객을 상대하는 것은 현실적으로 불가능한 일입니다. 그래서 대부분의 서비스 교육이 직원들로 하여금 어떤 상황에서도 참아야 한다고 가르치는 겁니다.

'고객과 싸워 절대 이길 수 없다'는 말은 서비스 업계에서는 진리에 가깝습니다. 결국 고객 스스로 의식 수준이 성숙되기를 기대하는 수밖에 없는데요. '어린 아기 고객'이 '왕 같은 고객'이 되는 데 얼마의 시간이 더 필요할지 알 수 없다는 게 안타깝기만 합니다. 결국 감정노동에 종사하는 감정노동자들 스스로 이런 고도의 스트레스 상황을 지혜롭게 대처하며 극복할 수밖에 없다는 결론에 이르게 됩니다.

스트레스는 건강을 해치는 가장 큰 원인임을 우리는 잘 알고 있습니다. 많은 것을 얻고도 건강을 잃는다면 아무런 의미가 없지요. 그래서 심장질환 전문가들은 "높은 스트레스를 지속적으로 받는 사람들은 반드시 스스로 스트레스를 푸는 방법을 배워야 한다"고 조언합니다.[2)]

자기방어
기제

　심리학 용어에 '자기방어기제(Defense Mechanism)'가 있습니다. 자신의 자아를 보호하기 위한 인간의 무의식적인 방어 전략을 뜻합니다. 이를 좀 더 풀어서 설명하면 '외적인 위협이나 위협적인 충동을 그저 지켜보기보다는 자신을 보호하고 방어하기 위해 사용하는 무의식적인 책략들'이라 할 수 있습니다.

　심리학자들은 갈등과 좌절에 대처하는 방식으로서의 자기방어기제에는 40여 가지가 있다고 말합니다. 가장 일반적인 자기방어기제로는 억압, 억제, 저항, 부정, 퇴행, 보상, 동일시, 승화, 투사 등 다양한 종류가 있는데요. 이 복잡해 보이는 자기방어기제에 대해 지금은 고인이 되신 장영희 교수의 에세이 《살아온 기적, 살아갈 기적》(샘터, 2004)을 읽으며 쉽게 이해할 수 있었습니다.

장 교수는 뉴욕주립대학에서 6년간의 유학생활을 마무리하기 위해 2년여에 걸친 각고의 노력으로 논문을 완성시킵니다. 1984년의 일입니다. 당시에는 워드프로세서가 일반화되지 않아 전동타자기로 힘겨운 작업을 해야 했지요. 그런데 기한이 끝난 기숙사의 방을 정리하고 많지 않은 짐과 논문 최종본을 차 트렁크에 싣고 잠시 친구의 집에 방문했을 때 문제가 발생했습니다. 도둑이 트렁크를 열고 짐 꾸러미를 몽땅 훔쳐 도망간 것입니다. 장 교수는 그 자리에서 기절했다고 합니다. 도둑맞은 짐이 아까워서가 아니라 2년에 걸쳐 완성한 논문을 처음부터 다시 시작해야 했기 때문이었지요. 기숙사로 다시 돌아온 그녀는 전화도 받지 않고 아무것도 먹지 않은 채 꼬박 사흘 밤낮을 보냈다고 합니다.

그 무거운 책가방을 메고 목발을 짚고 눈비를 맞으며 힘겹게 도서관에 다니던 일, 엉덩이에 종기가 날 정도로 꼼짝 않고 책을 읽으며 지새웠던 밤들이 너무나 허무해 죽고 싶었다. 무엇보다 사랑하는 가족을 떠나 외롭고 힘들어도 논문을 끝내고 한국으로 돌아가는 일만을 희망으로 삼고 살아왔는데 이제 모든 것이 수포로 돌아간 셈이었다.

닷새쯤 되는 날 아침, 눈을 뜨니 커튼 사이로 한줄기 햇살이 스며들어 어두침침한 벽에 가느다란 선을 긋고 있었다. 그런데 문득 이상한 호기심이 들었다. 잃어버린 논문과는 상관없이 사람이 닷새 동안 먹지 않고 누워 있으면 어떤 모습이 되는지, 지금의 내가 어떤 모습을 하고 있는지 궁금해졌다. 어지러움을 참고 일어나 침대 발치에 있는 거울을 보았다. 헝클어진 머리에 창백한 유령 같은 모습이 나타났다. 가만히 내 눈을 들여다보았다. 그런데 참으로 신기하게도 내 속 깊숙이에서 어떤 목소리가 속삭이는 것이었다.

'괜찮아. 다시 시작하면 되잖아. 다시 시작할 수 있어. 기껏해야 논문인데 뭐. 그래, 살아 있잖아. 논문쯤이야.'

선택의 여지가 없어져 본능적으로 자기방어를 하고 있는 것인지도 몰랐다. 그러나 그것은 분명 절체절명의 막다른 골목에 선 필사적 몸부림이 아니었다. 조용하고 평화롭게 있는 그대로 받아들이고 일어서는 순명(順命)의 느낌, 아니 예고 없는 순간에 절망이 왔듯이 예고 없이 찾아와서 다시 속삭여주는 희망의 목소리였다.

고(故) 장경희 교수의 글을 읽으며 자기방어기제란 감당하기 어려운 스트레스 상황에서 자신을 무너뜨리지 않고 일으켜 세울 수 있는, 내면 깊숙이에서 들려오는 어떤 목소리와 같다는 생각을 하게 되었습니다.

프랑스의 저명한 정신과 전문의이자 심리학자인 프랑수아 를로르와 크리스토프 앙드레가 함께 쓴 《내 감정 사용법》(위즈덤하우스, 2008)에서는 '분노를 다스리는 세 가지 방어기제'를 소개하고 있는데요. 승화하거나 억제하거나 유머러스해지는 태도가 그것입니다.

이런 전문가들에게 견줄 수는 없으나 나름대로 서비스 현장에서 발생할 수 있는 스트레스 상황에서 나를 지켜냄으로써 고객이 아닌 '나를 향하는 서비스'를 가능하게 하기 위한 방법으로 세 가지 전제조건, 즉 세 가지 자기방어기제를 소개해보았습니다. 이 세 가지 전제조건들이 희망의 목소리가 되어 극도의 감정노동 상황에서도 자신의 가치를 잃지 않도록 지켜주는 자기방어기제로 활용되기를 바라는 마음으로 말이지요. 그 세 가지는 2장에서 소개한 '말의 힘', '아름답게 마음쓰기', '나를 사랑하기'입니다.

카이스트(KAIST)의 생명과학과 김대수 교수는 놀랍게도 스트레스는 다름 아닌 자기 스스로 만들어내는 것이라고 이야기합니다.

"살아가며 우리는 일과 사랑을 쟁취하고자 많은 노력을 기울입니다. 그 과정에서 실패도 겪고 엄청난 스트레스로 고통을 받기도 합니다. 직장에서 사사건건 내 일에 트집을 잡는 상사를 만나면 '저 인간은 내 스트레스의 근원이야'라는 생각이 들기도 하지요. 스트레스는 계속 축적이 되면 결국 우울증이나 면역력 약화를 불러와 수명까지 단축시킵니다. 그런데 스트레스는 외부에서 오는 게 아니라 내부에서 내 '뇌'가 스스로 만들어내는 것이라는 사실을 아셔야 합니다." 3)

김 교수의 말처럼 스트레스를 내가 만들어내는 것이라면 스트레스를 극복하는 방법 역시 '내 안'에 있습니다.

주변에서 일어나는 일들 대부분은 나의 의도와 상관없이 발생합니다. 서비스 현장에는 고객(顧客)과 고객(苦客. 나를 힘들게 하는 고객)이 존재합니다. 이 둘을 내 맘대로 선택해서 맞을 수는 없겠지요. 하지만 그 상황을 받아들이고 대처하고 극복하는 일은 내가 할 수 있습니다. 그래서 저는 이제까지 살펴본 세 가지 자기방어기제(2장에서 밝힌 세 가지 전제조건)가 반드시 필요하다고 강조하는 것입니다.

어떤 상황에서도
나는 소중한 존재

'나를 향하는 서비스'를 위한 전제조건인 '말의 힘', '아름답게 마음 쓰기', '나를 사랑하기'를 괄호 넣기 형태의 퀴즈로 정리해보겠습니다. 괄호 안에 맞는 말을 생각해보면서 이제까지의 내용을 다시 한 번 떠올려보시기 바랍니다.

먼저 말의 힘입니다.

어떠한 상황에서도 나의 (   )을 잃어서는 안 된다.

조금 막연한가요? 정답은 '건강'입니다. 앞에서 다룬 말의 힘은 건강과 연관이 있습니다. 진상고객 혹은 블랙 컨슈머까지 들먹이지 않아도 우리가 근무하는 서비스 현장에는 다양한 감정노동의 상황이 파노라마처럼 펼쳐져 있습니다. 고객에 의해 무시, 봉변, 굴욕을 당한 후에 부정적인 말이나 저주의 말들로 자신의 몸속 장기까지 나쁜 영향을 받게 해서는 안 됩니다. 그 말이 우리의 건강에 치명적인 악영향을 끼칠지도 모르기 때문입니다.

개봉 첫날부터 이전의 모든 영화사(史) 기록을 갈아치우고 관객 수 1761만 명을 끌어모은 영화 〈명량(鳴梁)〉을 기억하시나요? 저는 그 영화를 보면서 이순신 장군의 또 다른 승리 비결로 말의 힘을 발견했습니다.

왜적선과 한창 전투를 벌이던 이순신 장군은 갑판 위의 화포들을 좌노 쪽으로 모두 옮기라고 지시를 내립니다. 이에 부하들은 두려움에 떨며 "그러면 다 죽을 수도 있습니다"라는 말을 합니다. 그때 이순신 장군은 부하들에게 강한 어조로 짧게 한마디를 내뱉습니다.

"된다고 말하게!"

최악의 전투 상황에서 두려움에 빠진 병사들에게 이순신 장군은 말로써 '할 수 있고, 이길 수 있다'는 자신감을 심어준 겁니다.

고객으로 인해 심한 스트레스를 받으셨습니까? '괜찮아, 잘 이겨냈어. 지혜롭게 처리하는 걸 보니 대단한데!'라고 자신을 위로해보면 어떨까요? 말에서 뿜어나는 긍정적 에너지가 너무나도 소중한 건강을 지키는 비결이 되어줄 것입니다.

다음은 전제조건의 두 번째, 아름답게 마음쓰기에 대한 문제입니다.

나는 (   )의 부자

예상하신 대로 '마음'입니다. '40억'이라고 하셨다면 더 정확한 대답입니다. 2장에서 마음부자가 되기 위한 몇 가지 방법들을 제안해보았습니다. 그중에서 핵심으로 '나에게 꿈을 선물하고, 삶의 고수가 되어 세상을 좀 더 여유 있게 바라보자'고 말씀드렸습니다. 또 '40억 마음부자가 되어 이를 움켜쥐고만 있거나 저축해두지 말고 말과 표정과 행동으로 베풀며 살자'고도 했습니다.

조선 선조시대의 정승이었던 홍서봉(洪瑞鳳)의 어머니가 보여준 아름다운 마음씨에 관한 이야기가 있어 소개합니다.

홍서봉의 집은 매우 가난해서 끼니를 거를 때가 종종 있었습니다. 어느 날 행사를 치르기 위해 여종을 시켜 고기를 좀 사오게 했으나 사온 고기의 빛깔이 독이 있는 것처럼 좋지 않았습니다. 홍서봉의 어머니는 여종에게 "푸줏간에 아직 이런 고기가 남아 있더냐?"라고 물었습니다. 남아 있다는 여종의 말에 자신의 머리 장식을 팔아 돈을 마련해 여종에게 주며 남은 고기를 모두 사오게 했습니다. 여종이 독이 있어 보이는 고기를 모두 사오자 담장 아래에 모두 파묻게 했습니다. 다른 사람이 그 고기를 사서 먹고 혹시나 병에라도 걸릴까 걱정스러운 마음에서 그리 한 것입니다. 아들 홍서봉이 어머니의 마음씀씀이를 보고는 "어머니의 이런 마음씨가 천지신명과 통하여 자손이 반드시 창성할 것입니다"라고 말했답니다.

어떤 면에서 홍서봉의 어머니가 한 행동은 바보스러워 보이기까지 합니다. 그러나 나의 작은 행동이 내가 살고 있는 세상을 아름답게 변화시키고 결국 나에게로 다시 돌아온다는 믿음은 40억 마음부자만이 가질 수 있는 '아름답게 마음쓰기'가 아닐까요?

마지막으로, '나를 사랑하기'입니다.

구겨지고 밟혀도 나는 (　　　) 존재

'가치 있는', '소중한', '사랑스런' 모두 맞습니다. 정답을 맞히는 것이 중요하지 않습니다. 정말 이런 마음을 가질 수 있느냐가 중요합니다.

'우리 모두는 사랑받고 사랑을 주기 위해 태어난 소중하고 가치 있

는 존재다.'

말이 쉽지 언제나 이런 마음가짐으로 살아간다는 것은 어려운 일이 아닐 수 없습니다. 그래서 자기 노력이 필요합니다. 의도적으로 주문을 외듯 자신에게 주입시키는 노력 말입니다.

미국의 36대 대통령인 린든 존슨(Lyndon Johnson)이 미항공우주국(NASA)을 방문했을 때입니다. 대통령이 로비를 지날 때 한 청소부를 보게 되었습니다. 그 청소부는 세상에서 가장 즐거운 일이라도 하듯 콧노래를 흥얼거리며 열심히 바닥을 닦고 있더랍니다. 대통령은 그에게 다가가 "이제껏 내가 본 청소부 중에서 가장 훌륭한 청소부"라고 칭찬을 했습니다. 그러자 청소부는 "각하, 저는 일개 청소부가 아닙니다. 저는 인간을 달에 보내는 일을 돕고 있어요"라고 대답했습니다.[4] 자신의 가치를 발견한 사람은 무슨 일을 하든 즐겁고 행복하게 살아갈 수 있음을 보여주는 좋은 사례입니다.

세상에서 가장 위대한 사랑은 무엇일까요? 부모의 자녀에 대한 사랑? 연인간의 사랑? 어려운 이웃을 위한 사랑? 이들 모두 아름답고 위대한 사랑임은 분명합니다. 하지만 저는 이 질문에 대한 정답을 〈가장 위대한 사랑〉(원제; Greatest Love of all)이란 노래에서 찾을 수 있었습니다. 1977년 위대한 권투선수 무하마드 알리가 직접 주연을 맡았던 그의 전기 영화 〈더 그레이티스트(The Greatest)〉에 삽입되면서 유명해진

노래입니다. 이 곡의 작사가는 린다 크리드(Linda Creed)입니다. 그녀는 말기 유방암으로 투병하면서 이 가사를 썼다고 하는데요. 일부 가사를 우리말로 옮기면 이렇습니다.

(전략)

난 절대 타인의 그늘에 들어가 살지 않겠다고 오래 전 결심했어요.

내가 실패하든 성공하든 난 내가 믿는 바에 따라 살 거예요

내게서 그 무엇을 빼앗아가더라도 나의 존귀함만은 빼앗을 수 없어요

가장 위대한 사랑이 내게 일어나고 있기 때문이에요

나는 가장 위대한 사랑을 내 안에서 발견했어요

가장 큰 사랑을 얻는 것은 그리 어려운 일이 아니에요

자기 자신을 사랑하는 것이 가장 위대한 사랑이죠.

죽음을 앞둔 린다 크리드는 자신의 삶을 돌아보니 가장 위대한 사랑은 다름 아닌 '나 자신을 사랑하는 것'임을 깨달았다고 노래하고 있는 겁니다. 니체도 이런 말을 남겼더군요.

자신을 대단치 않은 인간이라 폄하해서는 안 된다. 그 같은 생각은

자신의 행동과 사고를 옭아매려 들기 때문이다. 오히려 맨 먼저 자신을 존경하는 것부터 시작하라. 아직 아무것도 하지 않은 자신을 아직 아무런 실적도 이루지 못한 자신을 인간으로서 존경하는 것이다. 자신을 존경하면 악한 일은 결코 행하지 않는다. 인간으로서 손가락질 당할 행동 따윈 하지 않게 된다. 그렇게 자신의 삶을 변화시키고 이상에 차츰 다가가다 보면 어느 사이엔가 타인의 본보기가 되는 인간으로 완성되어간다. 그리고 그것은 자신의 가능성을 활짝 열어 꿈을 이루는 데 필요한 능력이 된다. 자신의 인생을 완성시키기 위해 가장 먼저 스스로를 존경하라.[5]

앞의 괄호 넣기 형태로 정리한 세 문장에서 색으로 진하게 표시된 부분만 모아보면 '어떠한 상황에서도 나는 소중한 존재'라는 한 문장을 만들 수 있습니다. 여러 번 말씀드린 것처럼 여기에서 '어떠한 상황'은 즐겁고 행복하고 모든 일이 잘 풀리는 상황을 의미하지 않습니다. 힘들고 어렵고 구겨지고 밟히는 상황을 의미합니다. 이런 상황에서도 끝까지 미소를 잃지 않아야 하는 것이 감정노동자의 역할이며 운명입니다. 그럴 때마다 떠올려야 하는 문장은 바로 이것입니다.

'어떤 상황에서도 나는 소중한 존재'.

내가 친절한 사람이
되어야 하는 이유

지금까지 우리는 어떤 상황에서도 나를 지켜낼 수 있는 전제조건 세 가지를 알아보았습니다. 그렇다면 이제는 이 전제조건이 나의 삶과 서비스 현장에 적용되고 성과가 나타나도록 해야 할 텐데요. 그래서 지금부터 함께 '친절'에 대해 살펴볼 것입니다.

우리는 서비스 교육을 통해 무조건적인 친절을 강요받아왔습니다. 왜 고객에게 혹은 주변 사람들에게 친절해야 하는지는 알려주지 않은 채 '무조건 친절하라'고 말하는 것은 운전할 줄 모르는 사람에게 최고급 승용차를 선물하는 것과 크게 다르지 않습니다. 친절은 분명 좋은 것이지만 무작정 친절하라고 강요한다면 머리와 마음이 따로 노는 기형적인 형태의 친절이 되고 맙니다. 그래서 이번 장에서는 '내가 친절한 사람이 되어야 하는 이유'에 대해 살펴보도록 하겠습니다.

여기에서 간과해서는 안 되는 사실이 하나 있습니다. 그것은 '내가 친절한 사람이 되어야 하는 이유'라는 말 속에 내포된 의미입니다. 이 말은 어떤 때는 내가 친절한 사람이 되었다가, 또 다른 때는 친절하지 않아도 된다는 뜻이 아닙니다. '나는 반드시 친절한 사람이 되어야 한다'는 적극적인 의미가 담겨 있습니다.

이해가 쉽도록 두 가지의 질문을 드려보겠습니다. 저는 강의할 때 첫 번째 질문에서는 마음속으로만 대답하고, 두 번째 질문에서는 큰소리로 대답하라고 이야기합니다. 여러분도 그렇게 해보시죠. 첫 번째 질문입니다.

"당신은 친절한 사람입니까?"

어떻게 대답하셨습니까? 강의장에서는 마음속으로 대답하라고 사전에 말씀드렸음에도 불구하고 꽤 많은 분들이 큰소리로 "네" 하고 대답하더군요. 맞습니다. 우리는 이미 친절한 사람들입니다. 서비스 업계에서의 오랜 경력뿐만 아니라 고객들로부터 친절하다는 칭찬도 자주 들었기 때문입니다. 친절한 사람들이 존중받아왔고, 또 그렇게 교육받아왔습니다. 그런데 저는 큰소리로 대답한 분들에게 몇 가지 추가적인 질문을 더 합니다. 그것은 상황이나 기준에 관련된 질문입니다.

"고객이 상품을 얼굴에 집어던졌습니다. 그때도 똑같이 친절하실 수 있으시던가요? 고객이 당신에게 무릎을 꿇으라고 소리를 지릅니다. 그런 상황에서도 친절한 마음으로 고객을 대할 수 있으셨나요?"

이 질문들을 던지면 분위기는 차가워집니다. 내친김에 한마디 더 던집니다.

"당신의 친절을 저의 기준에 맞추실 수 있을까요? 제 기준이 상당히 높은데 말이죠."

무슨 말일까요? 당신이 친절한 사람인지는 처한 상황이나 상대방의 기준에 따라 달라질 수 있음을 말씀 드리고 있는 겁니다.
이런 경우가 있습니다. 나는 최선을 다해서 상대에게 친절을 베풀었습니다. 그런데 나의 친절을 받은 고객이나 가족, 친구, 동료는 그리 만족하지 않는 것처럼 느껴지는 때 말입니다. 이런 경우 상황과 기준에 문제가 있었던 겁니다. 여러분은 어떻습니까?

이제 두 번째 질문을 해야 할 때가 되었습니다. 이야기를 듣고 보니 '당신은 친절한 사람인가?'라는 질문에 대해서는 상황과 기준에 따라 달라질 수 있겠다는 생각으로 한 발짝 물러서셨을지 모르겠습니다.

질문하겠습니다. 이번에는 큰소리로 대답해보시기 바랍니다.

"그렇다면 당신은 친절한 사람을 좋아합니까?"

너무 뻔한 질문이었나요? 세상의 모든 사람은 자신과 만나는 모든 사람이 친절한 사람이기를 원합니다. 나의 부모님이, 나의 자녀가, 나의 상사나 동료가, 나의 이웃이, 나를 찾는 고객이 친절하게 나를 대해줄 것을 원한다는 뜻입니다. 내가 그들을 어떻게 대하는지는 별개의 문제입니다. 이는 거의 본능에 가깝습니다. 세상 모든 사람이 그렇다는 거지요. 오늘 나와 만나는 사람들이 나를 향해 거칠게 화를 내고 시비를 걸어주기를 바라는 사람은 없습니다. 나와 만나는 모든 사람이 친절한 사람이기를 원하는 것은 누구나 같은 마음일 것입니다.

몇 가지 예를 들어볼까요? 앞서 '말의 힘'에서 살펴본 사례들로 돌아가보겠습니다. 사춘기 자녀를 깨우는 장면 기억하십니까? 아침에 엄마는 학교 갈 시간이 된 아이에게 부드럽게 이야기합니다. "애야, 일어나야지. 학교 갈 시간이다." 10분 정도 지나 아이의 방으로 가보니 아이가 아직도 침대에 누워 있다면 대부분의 엄마는 말투와 행동이 거칠어집니다. 이렇게 두세 번 더 깨워야 하는 상황이 이어지면 엄마는 이제 '깡패 엄마'가 되고 상쾌해야 할 아침 분위기는 그야말로 살벌해집니다.

이 상황에 '당신은 친절한 사람을 좋아합니까?'라는 질문을 대입해보겠습니다. 자녀의 입장에서 말이지요. 사춘기 자녀는 나를 깨우는 엄마 혹은 아빠가 자신을 친절하게 깨워주기를 원하지 않을까요? 부모의 입장에서야 당연히 열불이 나는 상황이지만 아이는 열 번을 깨워도 일어나지 않는 자신에게 열한 번째에도 부모님이 부드러운 말투로 친절하게 깨워주길 바란다는 겁니다. '그렇게 해서 아이가 일어나겠어?'라고 생각하실 테지만 저는 그저 아이의 마음을 읽어본 것입니다. 아이도 분명 친절한 사람을 좋아할 테니까요.

두 번째로, 결혼기념일도 잊은 채 술을 마시고 늦게 들어온 남편 이야기입니다. 그런 남편도 친절한 사람, 친절한 아내를 좋아할까요? 당연합니다. 아내가 문을 열어주며 "여보, 오늘도 고생 많으셨지요? 여기 꿀물 드세요"라며 친절하게 맞아주기를 기대할 겁니다. 물론 현실에서는 절대로 일어날 수 없는 이야기지만요.

마지막으로 우리가 일하는 서비스 현장에서 있을 수 있는 한 가지 예를 더 들어보겠습니다. 판매자의 입장에서 아주 빈번하게 생기는 난

감한 상황은 바로 환불에 관련된 것들입니다. 특히 개시(?)도 하지 못한 이른 아침부터 환불을 하겠다고 고객이 찾아오면 기분이 좋을 리 없지요. 친절하기가 가장 어려운 상황 중의 하나입니다.

　이번에는 환불을 하려는 고객의 입장이 되어보겠습니다. 여러분께서는 혹시 큰 맘 먹고 산 물건이 마음에 들지 않아 환불을 했던 경험이 있으십니까? 그때 마음이 어떠셨나요? 물론 말도 안 되는 이유로 당당하게 환불을 요구하는 고객이 없는 것은 아닙니다. 그러나 대부분의 사람은 환불할 때 미안한 마음을 갖습니다. 그래서인지 많은 경우 물건을 살 때는 혼자 왔던 고객도 환불을 할 때는 자신을 지지해줄 만한 사람을 데려오더군요. 미안한 마음을 갖고 환불을 하러 오는 고객 역시 자신이 만나게 될 판매직원이 친절한 사람이기를 바라지 않을까요? 환불 이유를 구구절절 설명하지 않아도 마음 편하게 환불을 해줄 수 있는 친절한 사람 말입니다.

　위의 모든 사례들을 내 입장으로 바꾸어 생각해도 마찬가지입니다. 한 번만 깨워도 자녀가 벌떡 일어나 '깨워주셔서 감사합니다'라고 외치기를 원하고, 바깥일보다 가족을 먼저 생각하며 쉬는 날마다 집안일을 도와주는 친절한 남편이기를 원합니다. 또 내가 오늘 만나게 될 모든 고객은 나의 한마디에 선뜻 지갑을 여는 친절한 고객이기를 원합니다. 내 입장에서 말이지요. 나도 친절한 사람을 좋아하니까요.

기독교에는 '황금률(黃金律, Golden Rule)'이라는 것이 있습니다. '남에게 대접을 받고자 한다면 남을 대접하라'는 예수의 가르침입니다. 내가 원하는 것은 당연히 상대방도 원한다는 뜻일 텐데요. 이와 비슷한 사자성어가 '역지사지(易地思之)'입니다. 우리가 이미 알고 있는 것처럼 '처지를 바꾸어 그 사람의 입장에서 생각해본다'는 의미입니다. 이 말은 《맹자(孟子)》의 권8에 나오는 '우직안자 역지즉개연(禹稷顔子 易地則皆然)'에서 유래되었다고 전문가들은 보고 있습니다.

심리학에서는 역지사지의 개념을 '행위자-관찰자 편향'으로 설명합니다. 심리학자 리처드 니스벳(Richard Nisbett)이 1971년 발표한 논문에서 언급했다고 하는데요. 쉽게 말하면, 내 문제는 내가 행위자이므로 내 행위에 가해진 상황적 제약에 대해 잘 아는 반면, 다른 사람의 문제는 내가 관찰자에 불과하므로 상황적 제약에 대해 알기 어렵다는 것입니다. 더 어려워졌나요? 예를 들면 이런 겁니다.

운전을 하다 보면 신호대기 상태에서는 보행 신호가 길게 느껴집니다. 하지만 길을 걷다가 횡단보도를 건널 때는 보행 신호가 짧게 느껴지지 않던가요? 내가 음악을 듣고 있을 때 다른 사람이 소리를 좀 줄여달라고 하면 짜증이 나다가도, 다른 사람이 큰소리로 음악을 듣고 있으면 시끄러워 자꾸 신경이 쓰입니다. 아무 데서나 욕을 하는 사람들을 볼 때면 '교양 없고 무식하다'고 생각하면서도 막상 내가 기분이 나쁘고 화나는 일이 생기면 욕을 하는 것쯤은 대수롭지 않게 생각합니다. 이런 것들이 '내가 행위자냐 관찰자냐 하는 처지'에 따른 차이라는 겁니다.[6] 사람은 누구나 자신의 입장에서 자기 좋은 대로 생각한다는 뜻이겠지요.

사람이 살면서 상대방의 입장에 서본다는 것은 어려운 일입니다. 오죽하면 예수의 많은 가르침 중에서도 역지사지의 가르침을 가장 중요하다는 의미로 '황금률'이라고 했겠습니까?

사람은 자신이 아는 만큼 보이고 생각하는 만큼 행동합니다. 상대의 입장은 헤아리지 않고 자신의 입장에서만 생각하고 행동했다가 실수하는 경우를 우리 주변에서 종종 볼 수 있습니다.

딸아이가 어렸을 때의 얘깁니다. 아내가 딸아이와 산책을 하고 있었지요. 새댁으로 보이는 젊은 여성이 유모차를 몰고 다가오고 있었습니다. 아내는 아기 얼굴을 보려고 유모차 안을 봤는데 강아지가 얼굴을 쑥 내밀더랍니다. 어린 시절부터 강아지 트라우마가 있었던 아내는 깜짝 놀랐습니다. 여성이 지나간 후 "유모차에 무슨 강아지를 태우고 다니냐?"며 혼잣말을 하는 아내에게 어린 딸아이가 이렇게 말했다는군요.

"엄마, 강아지가 아플 수도 있잖아."

상대방의 입장에서 한 번만 생각해보면 이해할 수 있는 문제에 대해 우리는 너무 쉽게 흥분하고 화를 냅니다. 식당에서 옆자리에 앉은 사람들이 시끄럽게 떠들면 교양이 없다, 무식하다고 손가락질을 합니다. 하지만 내가 그럴 경우에는 '나는 활기찬 분위기를 주도하는 유쾌한 사람'이라고 생각하지요. 길게 밀린 차들 사이로 끼어드는 운전자를 보면 경적을 울리며 욕을 하다가도 내가 그런 경우에는 '나는 바쁜 일이 있다'고 말하는 게 우리네 아니던가요?

사람은 누구나 자신과 만나는 모든 사람이 친절한 사람이기를 바란다는 말씀을 드렸습니다. 반대로 생각하면 나를 만나는 사람들도 내가 친절한 사람이기를 원합니다. 그래서 친절은 삶에서 선택의 문제가 아니라 필수입니다. 친절은 해도 되고 그렇지 않아도 되는 것이 아니라 반드시 친절해야 한다는 말입니다.

"남에게 친절을 받고자 하는 대로 너희도 남에게 친절하라."

성경의 황금률을 살짝 패러디해보았습니다. 진정한 친절은 내 입장이 아니라 상대방의 입장에서 생각하는 역지사지의 정신에서 시작됨을 잊지 않으면 좋겠습니다.

친절의
가격

내가 베푸는 친절을 가격으로 매겨본다면 얼마나 될까요?

프랑스 남부 리비에라 지역에 있는 카페 '쁘띠 쉬라'의 커피 가격이 유럽의 매체인 더로컬에 기사화되면서 화제가 된 적이 있었습니다. 이 카페의 커피 가격은 이렇게 정해진다고 하는군요.

고객이 커피를 주문하면서 "커피 한 잔"이라고 말하면 4.25유로(약 6100원)이지만 "안녕하세요, 커피 한잔 주세요"라고 하면 1.40유로(약 2000원)만 지불하면 된다고 합니다. 카페의 매니저 파브리스 페피노는 "스트레스를 받은 사람들이 커피를 주문할 때 때로 무례하게 굴어서 이러한 커피 가격 체계를 도입했다"고 말했습니다.

저는 이 기사를 읽고 반대로 고객의 입장에서 생각해보았습니다. 고객도 서비스를 제공하는 직원의 친절에 따라 가격을 지불하는 거지요. 직원이 고객에게 "커피 나왔습니다"라고만 말하면 2000원만 지불하고, "주문하신 커피 여기 있습니다. 맛있게 드시고 오늘도 행복한 하루 되십시오"라고 하면 6000원을 지불하는 식입니다. 억지스럽게 들리고 '과연 그 카페는 장사가 될까?'라는 의문도 생기는 가정이지만 우리의 친절에 값을 매겨봄으로써 친절의 의미를 되새겨보자는 의미로 제안해보았습니다.

사람들은 누구나 친절 혹은 서비스와 관련해 자신만의 개념이나 생각들을 갖고 있습니다. 이는 서비스 직종에 근무하든 그렇지 않든 마찬가지입니다. 언젠가 다양한 직종에서 근무하는 사람들의 친절의식에 대한 인터뷰 영상을 본 적이 있었습니다. 병원, 관공서를 비롯한 유통업체, 패밀리레스토랑의 직원, 비디오 대여점 주인 그리고 학원 강사에 이르기까지 폭넓게 인터뷰를 했더군요. 질문은 단순했습니다.

"당신이 생각하는 서비스(친절)란 무엇입니까?"

간호사와 관공서(구청) 직원의 대답이 인상적이었습니다.

"환자들이 병원에 머무르는 동안 편안한 마음으로 있게 하는 것입니다."

"민원인들을 가족처럼 생각하는 게 서비스입니다."

잠시 기억을 되살려 여러분이 병원이나 관공서에 갔을 때를 생각해 볼까요? 앞에 말한 간호사와 구청 직원의 말처럼 편안하거나 그들이 가족처럼 느껴졌는지요? 물론 이전에 비해 병원이나 관공서의 서비스 수준이 몰라보게 좋아졌습니다. 하지만 아직도 그들이 말하는 서비스와 우리가 느끼는 서비스의 품질에는 엄연한 차이가 있는 것이 사실입니다.

저도 여기에 착안해 직원들을 대상으로 설문을 해보았습니다. 질문은 이런 것이었지요.

"당신이 생각하는 서비스(친절)이란 무엇입니까?"
"나의 서비스(친절)에 점수를 준다면 백 점 만점에 몇 점을 주시겠습니까?"

대답은 "마음을 다해 고객을 응대하는 것", "고객과의 약속을 반드시 지키는 것", "좋은 상품을 저렴하게 제공하는 것" 등이 대부분을 차지했습니다. 서비스 점수도 비교적 높아서 평균 90점을 훌쩍 넘어섰고, 자신의 친절에 100점을 부여하는 직원도 꽤 눈에 띄었습니다.

최근 서비스 업계에서는 '미스터리 쇼퍼(Mystery Shopper, 이하 쇼퍼)'라는 제도를 운영합니다. 고객을 가장해 자사 직원들의 서비스 수준을

점검하고 그 결과를 토대로 업계의 서비스 품질을 개선하려는 정책이라고 이해하시면 되겠습니다. 쇼퍼를 통해 직원들의 서비스 수준을 평가해보면 쇼퍼가 평가한 점수와 직원들이 직접 자신에게 부여한 점수는 상당한 차이가 있습니다. 심지어 30점이나 차이 나는 경우도 있습니다.

앞서 병원과 관공서 이야기를 할 때도 언급했지만, 서비스를 제공하는 입장과 서비스를 제공받는 입장에서 느끼는 서비스의 품질 사이에는 일정한 간극(間隙)이 있습니다. 왜 이런 현상이 나타날까요? 이유가 무척 궁금했습니다. '분명히 나는 최선을 다해서 고객에게 친절을 베풀었음에도 고객은 왜 내가 베푼 만큼 만족하지 못하느냐?'는 거지요. '100점짜리 친절을 베풀었으면 100점으로 느껴야지, 왜 70점으로 받아들이냐'는 뜻입니다.

이게 어디 고객뿐이겠습니까? 자녀, 배우자, 동료 역시 마찬가지입니다. 당신은 평소 자신이 몇 점짜리 부모, 남편(아내), 친구, 상사라고 생각하십니까? 마음을 다한 친절에 상대가 만족하지 못한다는 사실을 발견한다면 그리 유쾌하지만은 않을 것입니다. 저는 이에 대한 해답을 몇 년 전 인기리에 방영되었던 MBC 드라마 〈대장금(大長今)〉을 보면서 찾을 수 있었습니다.

맞춤 서비스

지난 2003년과 2004년에 걸쳐 방영된 〈대장금〉은 평균 시청률 45.8%, 최고 시청률 57.1%라는 경이적인 시청률을 기록하며 선풍적인 인기를 끌었습니다. 전 세계에서도 인기를 끌어 이란과 가나에서 시청률 70%를 넘기더니 스리랑카에서는 90%에 달하는 시청률로 대단한 성공을 거두었다고 합니다.

〈대장금〉은 조선조 역사 속에 등장하는 '서장금'이라는 실존 인물의 일대기를 그린 드라마입니다. 줄거리는 이렇습니다. 주인공 장금은 수라간(임금의 진지를 짓는 부엌) 나인의 신분에서 수많은 역경을 이겨내고 궁중 최고의 요리사가 됩니다. 파란만장했던 그녀의 삶은 여기에서 끝나지 않습니다. 대적하던 세력들의 모함으로 제주도로 귀양 간 장금은 그곳에서 의녀가 됩니다. 우여곡절을 거쳐 의녀의 신분으로 궁으로 다시 들어온 후 내의원의 수많은 남자 의관들을 물리치고 임금의 건강을 책임지는 어의(御醫)에까지 이르지요. 중종(1506~1544년 재위)은 주위의 반대에도 불구하고 장금에게 종삼품의 벼슬을 제수(除授)하고, 이때부터 장금은 대장금으로 불립니다.

대부분의 드라마가 그렇듯이 〈대장금〉은 극의 초반부터 선과 악의 대결구도로 극의 흥미를 더합니다. 한 상궁으로 대표되는 선의 세력과 최 상궁이라는 악의 세력 간 대결이 그것입니다. 한 상궁은 장금의 스승이었습니다. 반면 최 상궁은 권력을 얻기 위해 온갖 악행을 서슴지 않는 인물로 묘사됩니다. 이런 두 사람이 수라간 최고 상궁의 자리를 놓고 치열한 경쟁을 벌이는 부분이 드라마의 최고 백미가 아니었나 싶습니다. 이 장면을 소개해볼까 합니다.

이미 몇 차례의 대결을 통해 승부는 무승부인 상태입니다. 두 사람은 마지막 대결을 펼치기 위해 중전이 직접 주도하는 대결 장소로 모입니다. 어떤 요리로 경쟁하게 될지 전혀 모르는 상태로 말이지요. 극의 긴장감 넘치는 대결을 직접 느껴보시도록 〈대장금〉 23화의 일부 내용을 대본 형태로 옮겨보겠습니다(대장금 23화의 내용을 필요 장면만 녹취 정리했고, 상궁들의 이름과 직책은 인터넷을 검색해 참조했습니다).

장면 1 》

중전 과제는 밥 짓기다. 이는 조선 음식의 기본으로 같은 밥이라도 밥 짓기에 따라 그 맛이 달라진다. 이것으로 결정할 것이다! 허니 이곳엔 경합자들만 남아 밥을 짓도록 하고, 나머지는 한 명도 남지 말고 나를 따르거라!

상궁들 예.

(중전과 대비, 상궁들은 모두 자리를 떠난다.)

장면 2 〉〉

창이　　　마마님, 누가 이길까요?

민 상궁　　글쎄? 밥이야 두 분 다 삼십 년을 넘게 지어오신 분들인데 차이가 날까? 쌀도 같고 솥도 같고 다 같은데….

창이　　　그냥, 중전마마께서 찍어두신 분으로 하려고 그렇게 하신 게 아닐까요?

민 상궁　　누구?

창이　　　최 상궁마마님인가? 아님… 한 상궁마마님?

장면3 〉〉

(한 상궁과 최 상궁의 밥 짓는 장면)

중전　　　(목소리만) 너희들이 지은 밥은 각각 놋그릇과 백사기그릇에 나누어 담겨진다. 그리고 각 소주방(燒廚房, 조선시대에 대궐에서 음식을 만들던 곳)의 상궁들이 심사하게 될 것이며, 어떤 그릇에 담을 것인지는 심사 직전에 알려줄 것이다.

장면 4 〉〉

(중전과 대비가 가운데에 앉아 있고, 상궁들은 양쪽으로 나누어 앉아 있다.)

지밀상궁　(걸어 들어오며) 마마! 준비가 다 되었답니다. 올리라 할까요?

중전　　그래, 그러거라.

장면 5 〉〉

(각 상궁들 앞으로 한 상궁과 최 상궁이 지은 밥이 담긴 상이 놓인다.)

중전　　모두 먹어보고 더 맛이 있는 것을 앞에 놓인 종이에 써 내거라.

모두　　예.

(상궁들은 밥을 차례로 먹어본 뒤 붓으로 적는다. 상궁들이 다 적으면 나인들이 거두어 지밀상궁에게 건넨다.)

중전　　(지밀상궁에게) 최 상궁과 한 상궁을 들라 하라.

(한 상궁과 최 상궁이 들어와 중전과 대비 앞에 앉는다.)

중전　　상궁들은 자신들이 먹어본 밥의 맛을 평하여보거라.

동궁전　　실은 놋그릇의 밥과 백사기그릇의 밥 모두 참으로 맛이 있었습니다. 특히 백사기그릇의 밥은 참으로 차지고 부드러운 것이 그동안 맛보지 못한 것이었습니다.

대비전　　저도 그렇게 느꼈습니다.

병과방　　저도 같이 느꼈습니다, 마마.

중전　　그래? 뭔가 다른 방법을 썼나 보구나. (한 상궁과 최 상궁을 쳐다보며) 백사기그릇의 밥은 누가 한 것이냐?

최 상궁　　(자랑스러운 듯 웃으며) 접니다, 마마.

중전	뭔가 다른 방법을 쓴 것이냐?
최상궁	예, 마마. 실은 여러 가지 밥을 하다 보니 가마솥 위에 무거운 것을 올려놓고 압을 가하고, 솥 가장자리엔 쌀 반죽을 붙여 김이 새나가는 것을 막아 보니 밥맛이 훨씬 차지고 부드러웠습니다. 하여 그 방법을 썼습니다.
중전	그래? 어떤 연유인지는 모르겠으나 쌀이 오래되면 차진 맛이 없어지고 뻣뻣해지는데 아주 좋은 방법을 알아냈구나. 더구나 상궁들이 모두들 칭찬하는 것을 보니 결과는 나온 것이겠구나. (지밀상궁에게) 지밀상궁은 발표를 하거라!
지밀상궁	예. (잠시 머뭇거린다) 백사기그릇을 적어낸 자가 다섯, 놋그릇을 적어낸 자가 아홉입니다.
최상궁	(놀라는 표정)
중전	허면, 한 상궁이 이겼구나!
한상궁	(절제된 표정으로 머리를 숙인다.)
대비	아무리 그래도 이건 좀 이상하구나. 모두들 백사기그릇의 밥이 새롭고 맛있다 하였는데 어찌들 적어낸 것은 놋그릇이 많았는고?
동궁전	최 상궁마마님의 밥은 흠잡을 곳이 없었으나 실은 제가 약간 된밥을 좋아하는 터라.

병과방	저도.
생과방	저도 그러하옵니다, 마마.
대비	다들 그럼 된밥이라 더 좋아했단 말이냐?
대비전	실은 저는 조금 진 듯한 밥이라 놋그릇을….
중전	그건 이상하지 않느냐? 어찌 한 솥에서 지은 밥이 진 것도 나오고 된 것도 나오느냐?
한 상궁	밥을 할 때 솥의 한쪽에 그릇을 놓으면 그릇을 놓은 쪽은 쌀이 물 위로 올라와 된밥이 되옵고, 가운데 부분은 보통 밥, 나머지 한쪽은 진밥이 되옵니다. 전하께서는 약간 된밥을 좋아하시고 중전마마께서는 진밥을 좋아하시기에 생각해낸 것이옵니다.
중전	(이해된다는 표정으로) 음… 그래서 늘 이틀에 한 번씩 내가 좋아하는 밥이 올라온 것이구나. 허나, 나와 전하는 그렇다치고 한 상궁은 각 처소의 상궁들이 진밥을 좋아하는지 된밥을 좋아하는지까지 알고 있었단 말이냐?
한 상궁	예, 모두 생각시* 시절부터 죽 보아온 상궁들이기에….
모두	(눈을 크게 뜨며 놀란다.)

---

*생각시 : 조선시대, 지밀(至密)과 침방(針房), 수방(繡房)에 소속된 궁녀 중 관례(冠禮)를 치르지 않아 새앙머리를 땋은 어린 궁녀를 이르던 말

최상궁   …….

중전   (고개를 끄덕이며) 놀랍구나. 사람들의 기호를 파악하고 있다가 음식을 줄 때 그것까지 고려를 하다니. 정말 너의 세심함에 놀랄 뿐이다.

대비   그래, 정말 대단하구나. 조선 수랏간 최고상궁으로서 손색이 없어.

중전   (단호한 목소리로) 허면, 이제 최고상궁은 결정되었다! 그리고 나는 최고상궁이 된 한 상궁에게 너희에 대한 모든 전권을 위임할 것이다.

중전   당분간 한 상궁의 말은 나의 말과 같다. 한 상궁의 어떤 결정에도 너희들은 복종해야 할 것이다. 알겠느냐?

모두   (머뭇거리며 아무 말도 하지 못한다.)

대비   (화가 난 듯) 중전께서 하문하시지 않느냐!

중전   알겠느냐?

모두   (머리를 숙이며) 예.

한 상궁의 세심함은 감동 그 자체입니다. 나의 입장이 아닌 상대방의 입장에서 생각하고 행동하는 역지사지의 전형을 보여줍니다. 최 상궁도 악역이기 때문에 그 성과가 묻혔을 뿐 나름대로 최선을 다했고 밥을 차지게 만드는 등의 성과도 거두었습니다. 우리가 삶 가운데 혹은 서비스 현장에서 나름대로 최선을 다했음에도 불구하고 상대가 나의 친절에 100% 만족하지 못하는 이유도 최 상궁의 열심과 크게 다르지 않을 것입니다. 나의 생각대로 내가 원하는 친절을 베풀지는 않았는지 돌이켜볼 필요가 있습니다.

우리는 주변에서 주말부부를 간혹 볼 수 있습니다. 제가 아는 후배도 회사에서 지방으로 발령을 받고 주말부부가 되었습니다. 후배는 자신의 재미있는 경험을 이야기해주었습니다.

지방 발령을 받으면서 후배는 아내에게 미안한 마음이 생겼습니다. 결혼한 지 얼마 되지 않았는데 일주일 중 5일을 헤어져 있어야 했기 때문이지요. 그래서 주말에 서울로 올라오면 아내를 위해 집안일을 나서서 했습니다. 그는 아침에 일찍 일어나서 아내가 깨기 전에 세탁기를 돌려 빨래를 하고 청소도 말끔하게 했습니다. 그리고 평소 재능이 있던 요리솜씨를 발휘해 따뜻하게 아침상을 차리고는 아내를 깨웠습니다. 그런데 아내의 감동하는 표정을 볼 수 있으리라 기대했던 후배는 적잖이 당황했답니다. 아내가 '고맙다'는 말은커녕 그저 무덤덤하게 밥만 먹었기 때문이지요. '오늘은 처음이라 그럴 거야. 앞으로도 꾸준하게 하면 아내도 감동하고 기뻐하겠지?' 후배는 속으로 이렇게 생각했습니다.

한 달이 지났습니다. 그날도 아내보다 먼저 일어나 빨래와 청소를 하고 아침상을 차려놓고 아내를 깨웠습니다. 하지만 역시나 아내는 시큰둥한 눈치였습니다. 평소 속 좋기로 소문난 후배도 이날은 화가 좀 나더랍니다. 급기야 아내에게 따져 물었지요.

"당신 너무한 거 아냐? 내가 아침부터 빨래하고 청소하고 밥까지 차려주면 적어도 고맙다는 말 한마디는 해야 하는 거 아니냐고?"

이 말에 아내는 이렇게 말했다는군요.

"누가 해달랬어?"

나중에 이야기를 들어보니 아내의 생각은 후배와 아주 달랐답니다. 그녀는 5일이나 떨어졌다가 만난 남편과 데이트를 하고 싶었답니다. 손을 잡고 공원을 함께 걸으며 예쁜 카페가 있으면 커피 한 잔 마시면서 도란도란 이야기 나누기를 기대했던 거지요. 남자의 입장에서 보면 여자들의 마음이란 참으로 알다가도 모를 때가 많습니다. 여하튼 후배는 좋은 남편으로서 최선을 다했습니다. 칭찬 들어 마땅합니다. 하지만 후배는 정작 아내의 마음을 감동시키는 데는 실패하고 말았습니다. 왜 그랬을까요? 이유는 다름 아닌 자기 기준에서의 친절을 베풀었기 때문입니다.

분명 모든 사람은 친절한 사람을 좋아합니다. 하지만 우리가 베푸는 친절이 진정 상대가 원하는 친절인지를 세심하게 살피지 않는다면 결국 자기만족을 위한 친절에 그칠 뿐임을 잊어서는 안 되겠습니다.

홍성태 한양대 교수는 《모든 비즈니스는 브랜딩이다》에서 아들과 있었던 재미있는 일화를 소개했습니다.

아들 녀석이 유치원에 다닌 때였을 겁니다. 애기인 줄만 알았는데 아빠 생일이라고 선물을 예쁘게 포장까지 해 와서 뜯어보랍니다. 기특한 마음에 녀석을 제 무릎에 앉히고는 뿌듯한 마음으로 포장을 뜯기 시작했습니다. 무슨 선물인지 울퉁불퉁한 물건을 포장지로 둘둘 말아 테이프를 잔뜩 둘렀더군요. 한참을 풀고 풀어서 나온 선물은 물총이었습니다. 조금은 어이가 없었습니다만 짐짓 좋은 체하며 물었죠. "와, 물총이구나. 선기야 아빠가 물총 좋아하는 거 어떻게 알았어?" 그랬더니 싱긋 웃으며 "내가 아빠 맘을 다 알지~ 나도 제일 좋아하는 게 물총이거든" 그러더군요.

이 대목을 읽으며 꽤 웃었던 기억이 납니다. 아이를 키우는 부모라면 한두 번쯤 경험했을 법한 이야기 아닙니까? 웃다가 '혹시 나도 예닐곱 살짜리 어린이의 정신 연령으로 사람들을 대하고 있지는 않은가?'라는 생각이 들었습니다. 내가 좋아하면 당연히 다른 사람도 좋아할 것이라는 태도는 상대방의 입장에서 보면 매우 어리석고 유치할 수 있겠다는 사실을 깨달은 순간이었습니다.

사람들은 내가 좋아하면 남도 좋아할 것이라고 생각하는 경향이 있습니다. 앞에서 본 것처럼 아이들이 어른들에게 자신이 좋아하는 캐릭터 인형이나 장난감을 선물하는 이유는 자신이 좋아하는 것을 어른도 좋아할 것이라 믿는 단순한 사고 때문인데, 이는 사고력이 아직 미성숙해서 나오는 행동입니다.[7] 가족이나 친구, 동료나 고객에게 최선을 다했지만 만족해하거나 감동스러워하지 않았던 이유는 바로 여기에 있었던 겁니다. 나의 친절은 100점짜리인데 상대는 70점짜리로밖에 인정하지 않는 이유 말입니다.

내가 베푸는 친절이 나의 입장에서 내가 좋아하고 내가 원하는 것은 아니었는지 세심하게 살펴볼 필요가 있습니다. 사람들은 자신이 이제까지 해왔던 방식대로 행동하는 것에 익숙해 있습니다. 고정관념은 그래서 생기는 건지도 모릅니다. 특히 이전의 어떤 행동이 성공으로 이어진 경험이 있다면 고정관념은 더욱 공고해집니다. 이 성공 경험 역시 나와 상대가 느끼는 친절의 차이를 만드는 중요한 원인이 됩니다.

어느 고객이 매장에서 울로 만든 니트를 샀습니다. 며칠 후 고객은 줄어든 니트를 들고 다시 매장을 찾아와 반품을 요구합니다. 판매직원이 보니 명백한 고객의 과실이었습니다. 물빨래를 해서는 안 되는 니트를 세탁기에 넣고 돌린 겁니다. 직원은 정성을 다해 친절하게 고객에게 설명합니다.

"고객님, 니트는 물빨래를 해서는 안 되는데 어쩌지요? 드라이클리닝을 하셨으면 이런 일이 없었을 텐데요. 이런 경우에는 저희가 반품이나 환불을 해드릴 수가 없습니다. 정말 안타깝고 죄송합니다."

직원은 자신의 마음이 더 아프다는 표정으로 열심히 설명을 합니다.

"그렇군요. 제가 잘못했군요. 잘 알겠습니다. 친절하게 설명해주셔서 감사합니다."

직원의 친절한 설명에 고객은 이런 말을 하고는 순순히 돌아갑니다. 직원은 자신의 친절에 스스로 대견해하며 앞으로도 친절할 것을 다짐합니다.

수일 후 비슷한 상황이 또 발생합니다. 다른 고객이 줄어든 니트를 들고 온 겁니다. 반품을 요구하면서 말이지요. 직원은 며칠 전에 자신이 했던 친절을 떠올립니다. '친절하게 설명하면 이 고객도 만족해할 거야'라는 생각을 하며 설명을 시작합니다.

"고객님, 니트는 물빨래를 해서는 안……."

말이 끝나기도 전에 고객의 손에 들려 있던 니트가 직원의 얼굴로 날아옵니다. 그리고 고객은 매장이 떠나갈 정도로 소리를 지릅니다.

"누가 설명하랬어? 이 따위 물건이나 팔면서 무슨 말이 그렇게 많아. 얼른 바꿔주기나 해!"

무례한 10원짜리 고객을 어떻게 응대해야 하는지를 말씀 드리려는 것이 아닙니다. 그건 전혀 다른 문제지요. 이렇게 고객은 천차만별, 각양각색입니다. '이전에 A라는 고객에게 이렇게 대했더니 만족스러워했다'고 해서 B라는 고객에게도 그 방법이 통할 것이라는 생각을 해서는 안 됩니다. 한 부모에게서 태어난 형제나 자매, 심지어 쌍둥이마저도 성격과 성향이 전혀 다른데 그 어떤 연관성도 없는 고객들의 성향이 같을 리 없지요.

사람들을 감동시키는 친절은 한 상궁과 같은 세심함에서 시작됩니다. 상대방이 무엇을 좋아하고 무엇을 원하는지 재빠르게 파악하는 일이 우선되어야 합니다. 그것이 배려이고 역지사지입니다. 고객과 직원, 자녀와 부모, 사람과 사람의 갈등은 서로간의 입장 차이에서 생기는 경우가 대부분입니다. 직원은 자신의 상품이나 서비스를 팔기 위해 온갖 노력을 기울입니다. '과연 고객은 무엇을 원하는가'에 대해서는 그리 오래 생각하지 않은 채 말이지요.

마이클 르뵈프(Michael LeBoeuf) 교수는 《새 고객을 평생 고객으로 삼는 법(How to win customers and keep them for life)》에서 물건을 파는 직원에게 고객들은 진정 무엇을 원하는지에 대해 이렇게 썼습니다.

내게 옷을 팔려고 하지 마세요.

대신 세련된 이미지와 멋진 스타일, 그리고 매혹적인 외모를 팔아주세요.

내게 보험 상품을 팔려고 하지 마세요.
대신 마음의 평화와 내 가족을 위한 안정된 미래를 팔아주세요.

내게 집을 팔 생각은 말아요.
대신 안락함과 자부심, 그리고 되팔 때의 이익을 팔아주세요.

내게 책을 팔려고요? 아니에요.
대신 즐거운 시간과 유익한 지식을 팔아주세요.

내게 장난감을 팔려고 하지 말아요.
대신 내 아이들에게 유쾌한 시간을 팔아주세요.

내게 비행기 티켓을 팔려고 하지 말아요.
대신 제 시간에 안전하게 도착할 수 있다는 약속을 팔아주세요.

내게 물건을 팔려고 하지 말아요.

대신 꿈과 자부심과 좋은 느낌과 일상의 행복을 팔아주세요.

제발 내게 물건을 팔려고 하지 마세요.[8]

파는 사람의 배려와 진심의 중요성을 알려주는 아주 좋은 글입니다. 진정한 친절은 상대가 진정으로 원하고 요구하는 것이 무엇인지를 알아내려는 시도가 우선되어야 함을 깨닫게 해주지요.

친절과 배려가 뛰어난 나라라고 한다면 단연 일본이 첫 손가락에 꼽힐 겁니다. 앞에서 언급했던 대로 일본에서는 어느 유통업체를 들어가든 "이랏샤이마세(어서 오세요)"라는 인사를 들을 수 있습니다. 직원들의 인사 소리가 커서 귀가 아플 정도입니다. 그들의 속마음은 알 수 없지만 겉으로 보이는 일본인들의 친절은 우리가 겸허하게 배워야 할 필요가 있다는 생각을 해보았습니다. 일본인들의 남을 위한 배려와 친절의 사례로는 이런 것들이 있습니다.

일본의 영화관에서는 영화가 끝난 후 자막이 모두 올라가고 극장에 불이 켜질 때까지 아무도 일어나지 않는다고 합니다. 영화가 끝났다 싶으면 자막이 시작되기도 전에 출구로 향하는 우리의 모습과는 사뭇 비교가 되는데요. 일본인들의 이런 행동은 혼신을 다해 영화를 만든 제작진에 대한 예의와 다른 관객들을 위한 배려라고 하니 살짝 부끄러운 생각도 드는군요. 작지만 그들의 친절정신에서 비롯된 행동이 아닌가 싶습니다.

일본은 2020년에 도쿄올림픽을 개최합니다. 우리가 보기에 이미 넘칠 정도로 친절의식이 배어 있는 일본에 최근 '오모테나시(お持て成し, 극진한 대접)'라는 말이 유행이라는군요. '성심성의를 다한 손님맞이'를 의미하는 이 말은 고객에 대한 마음으로부터 우러나오는 서비스를 강조하고 있습니다. 혹자는 오모테나시는 또 다른 감정노동을 유발시킬 것이라 말할 수도 있습니다. 그럴지도 모릅니다. 저는 '나를 향하는 서비스'가 모든 감정노동을 말끔하게 없앨 수 있다고 말하는 게 아닙니다. 고객이 있고 직원이 존재하는 한 감정노동은 절대로 사라지지 않습니다. 그 감정노동의 상황에서 나의 존재 가치와 의미를 놓쳐서는 안 된다는 말씀을 드리고 있는 겁니다.

나는 최선을 다했는데, 100점짜리 친절을 베풀었는데 상대는 나의 친절을 70점짜리로밖에 평가하지 않는다면 누구의 마음이 상할까요? 바로 나입니다. 그 상대가 고객이 아니고 가족인 경우에는 절망스러울 수도 있습니다. 반면에 내가 베푸는 모든 친절을 100점짜리로 인정받으면 기쁘고 행복해집니다. 또 나의 가치에 대해 누가 말해주지 않아도 스스로 인정할 수 있게 됩니다. 프롤로그에서 '고객에게 최상의 서비스를 제공하자'라는 게 이 책의 목표라고 말씀 드렸습니다. 이전의 서비스 교육과 책에서 말하는 것과 다름이 없습니다. 그러나 나의 가치를 알고 친절해야 할 이유를 알고 베푸는 친절(서비스)은 이전과 크게 다를 것이라 확신합니다.

진정한 친절은 내가 원하고 내가 좋아하는 것을 주는 게 아닙니다. 우리는 아주 작은 행동처럼 보이는 한 상궁의 모습을 통해 감동을 받았습니다. 상대방의 입장에서 먼저 살피고 배려하는 행동은 가족과 이웃, 고객을 감동시킬 뿐만 아니라 세상도 아름답게 할 수 있습니다. 아니, 그보다 먼저 내가 행복해집니다. 그래서 내가 베푸는 친절은 다른 사람을 위한 것이 아니라 나를 위하고 나를 향하는 것입니다.

그것이 바로 '나를 향하는 서비스'입니다.

1. 다시 한 번 풀어볼까요?

1) <u>어떠한 상황에서도 나의 (　　　)을 잃어서는 안 된다.</u>

(정답 205쪽)

2) <u>나는 (　　　)의 부자</u>

(정답 207쪽)

3) 구겨지고 밟혀도 나는 (　　　　　)한 존재

(정답 208쪽)

밑줄 친 문장만 옮겨 적고 큰소리로 다섯 번 외쳐봅니다.

2. 책을 읽고 기억에 남거나 실행하기로 결심한 것을 적어봅니다.

예) 매일 다섯 가지씩 감사일기를 쓰겠다. 매일 아침 거울을 보며 만세삼창 후 하루를 시작한다.

1)

2)

3)

4)

5)

에필로그
진정한 진보의 시작, '나를 향하는 서비스'

399 대 1.

1947년 4월 15일 재키 로빈슨(이하 재키)은 미국 메이저리그(MLB; Major League Baseball) 개막전에서 흑인으로는 처음으로 부르클린다저스의 유니폼을 입고 출전합니다. 백인 선수 399명 사이에서 흑인 1명이 외롭고 처절한 싸움을 시작한 것이지요. 재키는 어쩌면 흑인에 대한 399개의 편견에 부딪힌 건지도 모릅니다.

온갖 편견과 흑인에 대한 이루 말할 수 없는 모욕을 꿋꿋하게 이겨내고 놀라운 성적을 거둔 그는 1962년 흑인 최초로 내셔널리그 명예의 전당에 헌액됩니다. 지금도 매년 4월 15일이 되면 메이저리그의 모든 선수들은 재키의 등 번호였던 42번이 새겨진 유니폼을 착용하고 경기를 치릅니다. 그의 업적을 기념하기 위함이지요. 1997년 4월 15일, 재키의 입단 50주년을 기념해 메이저리그 전체 팀은 42번을 영구결번*으로 지정합니다. 이제 그 누구도 등 번호 42번을 달 수 없게 된 겁니다.

재키의 일대기는 영화 〈42〉로도 제작되었는데요. 영화는 그가 많은 역경을 거치면서 위대한 흑인 메이저리그 선수로 자리매김해가는 과정을 감명 깊게 담아내고 있습니다. 경기 중 상대편 백인 선수, 감독, 관중들에게 수모를 당하면서도 꿋꿋하게 참아내는 장면이 인상적이었습니다. 경기 후 그는 사랑하는 아내와의 대화에서 이렇게 이야기합니다.

"날 좋아하지 않아도 상관없어. 난 여기에 친구 사귀러 온 것이 아

---

* 영구결번(永久缺番, retired number): 등 번호를 사용하는 단체 경기에서 은퇴 선수를 기리기 위해 그 등 번호를 다시 사용하지 않도록 하는 것(출처: 위키백과)

니니까. 날 존중한대도 관심 없고. 난 내가 누군지 알아. 나 스스로 존중하면 충분해. 하지만 그들이 날 이기게 하긴 싫어."

사실 우리가 일하는 서비스 현장 곳곳에는 숱한 감정노동의 상황이 도사리고 있습니다. 고객과 직원이 있는 한 절대로 사라지지 않는 상황 말입니다. 고객뿐만 아니라 관리자, 상사로 인해 겪게 되는 직원의 감정노동은 재키 로빈슨이 399명의 백인과 외로운 싸움을 했던 것과 마찬가지라는 생각을 해보았습니다. 매일 399가지의 힘겨운 감정노동과 싸움을 해야 할지도 모른다는 말씀입니다. 이런 감정노동의 상황과 싸워 이겨내고 싶다면 재키의 말을 기억해야 합니다.

"나 스스로 존중하면 충분해. 하지만 그들이 날 이기게 하고 싶지는 않아."

이 말은 '399가지 감정노동의 상황을 이겨낼 수 있는 방법은 자신을 존중하고 소중히 여기는 것이다'라고 해석할 수 있습니다.

〈미운 오리새끼〉, 〈벌거벗은 임금님〉, 〈성냥팔이 소녀〉 등 주옥같은 동화를 쓴 안데르센(1805~1875년)은 덴마크의 동화 작가입니다. 이 중에서 〈미운 오리새끼〉는 안데르센의 자전적인 동화라고 하는데요. H. 토프쉬 젠슨은 동화 〈미운 오리새끼〉에 대한 연구서에서 이렇게 밝히고 있습니다.

"저자는 미운 오리새끼와 마찬가지로 불쌍한 어린 시절을 보냈다.

몇 명의 후견인들에 의지해서 살아야 하는 처지였는데 그들은 대부분 이해심이 부족한 사람들이어서 그를 학대하고 못살게 굴기 일쑤였다. 그렇다 보니 그는 열등감에 빠졌고 자기 자신의 가치에 대한 의심으로 고통받는 길고도 힘겨운 시간을 견뎌내야 했다. 그러나 그의 내면 깊숙한 곳에서는 언젠가 인정받게 되리라는 비밀스런 확신이 움트고 있었으니……."

안데르센의 어린 시절의 경험은 그로 하여금 자기연민과 자기비하의 성향을 키웠고, 이는 〈미운 오리새끼〉에 그대로 투영되었습니다.

> 미운 오리새끼는 자아에 대한 연민을 마음속에서 계속 키운다. 한 떼의 새들이 날아오르는 모습만 봐도 자기가 너무 흉측하게 생겨서 피하는 것으로 생각하고, 사냥개가 자기를 물어가지 않았을 때는 '얼마나 혐오스러우면 사냥개조차 나를 물고 싶어 하지 않을까' 하며 절망한다. 이런 미운 오리새끼처럼 우리 중에도 자신의 내면에 혹독한 비판가를 키우며 끊임없이 자기의 단점을 상기하고 스스로의 자긍심을 깎아내리는 사람이 많다.[1]

우리는 동화 〈미운 오리새끼〉의 결론을 잘 알고 있습니다. 자신이 다른 오리들과 모습이 다르다는 것 때문에 스스로를 혐오하고 자괴감에 빠져 있던 미운 오리새끼는 결국 백조가 되어 하늘을 높이 날아오르게 됩니다. 결론을 알고 있는 우리는 자신이 백조인 줄도 모르고 자괴감에 빠져 있는 미운 오리새끼를 보며 안타까운 마음을 가졌을는지도 모릅니다. 하지만 안데르센은 미운 오리새끼를 통해 자신을 포함한 인간의 모습을 얘기하고 싶었을 겁니다. 그는 불행한 어린 시절을 보냈지만 '언젠가는 인정받게 되리라'는 비밀스런 확신을 품으며 자신의 정체성과 자긍심을 잃지 않았습니다. 결국 안데르센은 위대한 동화작가가 되어 자신의 가치를 세상에 알리게 되었죠. 안데르센은 이런 말을 했습니다.

"자기 자신을 발견하는 것이 진정한 진보의 시작이다."

우리는 고객 혹은 다른 누군가에 의해 자긍심과 자존심이 구겨지고 밟히는 상황을 맞닥뜨릴 수 있습니다. 그런 상황에서도 나의 가치는 조금도 손상되지 않을 것이라는 믿음이 있다면 내 앞에 존재하는 399가지의 감정노동에 굴복하지 않고 나를 일으켜 세우는 힘이 되어줄 것입니다.

나의 서비스가 고객을 향하게 될지, 아니면 나 자신을 향하게 될지는 온전히 내가 인정하는 나 자신의 가치에 달려 있음을 기억하시기 바랍니다.

다른 사람을 만족시키기 위해,
감동을 주기 위해 자신을 희생하지 마세요.
'나를 향하는 서비스'를 실천하세요.
삶은 결국 자신을 위해 사는 것 아니겠습니까.

참고문헌

프롤로그
1) '감정노동자들 정신질환 심각… 손님은 왕? 앙대요~', 중앙일보 2014년 6월 23일자
2) 로버트 스펙터(Robert Spector), 패트릭 매카시(Patrick D. McCarthy), 《노드스트롬의 서비스 신화》, 이수영 옮김, 세종서적, 1997
3) 켄 블랜차드(Ken Blanchard) 외, 《얌, 고객에게 미쳐라》, 조천제 옮김, 21세기북스, 2006
4) 조지 실버만, 《입 소문을 만드는 100가지 방법》, 이주형 옮김, 21세기북스, 2004
5) 유기성, 《예수를 바라보자》, 규장, 2014

1장. 나를 향하는 서비스
1) 이중톈, 《이중톈, 사람을 말하다》, 심규호 옮김, 중앙북스, 2013
2) 김유진, 《한국형 장사의 신》, 쌤앤파커스, 2014

2장. '나를 향하는 서비스'의 세 가지 전제조건
전제조건 1 _ 말에는 힘이 있습니다
1) 에모토 마사루, 《물은 답을 알고 있다》, 양억관 옮김, 나무심는사람, 2002(현재:더난 출판사, 2008)
2) 한국 성형수술 너무 뛰어나 공항서 "누구세요?", 〈한국일보〉 2014년 4월 23일자
3) 메트 노가드, 《미운 오리새끼의 출근》, 안진환 옮김, 생각의 나무, 2005
4) 혼다 켄, 《돈과 인생의 비밀》, 홍찬선 옮김, 더난 출판, 2005
5) 할 어반, 《긍정적인 말의 힘》, 박정길 옮김, 엘도라도, 2006
6) 할 어반, 《긍정적인 말의 힘》, 박정길 옮김, 엘도라도, 2006

전제조건 2 _ 아름답게 마음쓰기
1) 팡차오후이, 《나를 지켜낸다는 것》, 박찬철 옮김, 위즈덤하우스, 2014
2) 파울로 코엘료, 《연금술사》, 최정수 옮김, 문학동네, 2001
3) 왕충추, 《디테일의 힘》, 허유영 옮김, 올림, 2011
4) 팡차오후이, 《나를 지켜낸다는 것》, 박찬철 옮김, 위즈덤하우스, 2014
5) "10억이면 돼"… 굳어지는 부자 기준, 〈머니투데이〉 2014년 6월 18일자
6) 장샤오헝, 《느리게 더 느리게》, 최인애 옮김, 다연, 2014
7) 김희아, 《내 이름은 예쁜 여자입니다》, 김영사on, 2013
8) 매트 와인스타인(Matt Weinstein)과 루크 바버(Luke Barber), 《우리는 개보다 행복할까》, 서영조 옮김, 아인북스, 2005

9) 이근후, 《나는 죽을 때까지 재미있게 살고 싶다》, 갤리온, 2013
10) 조선일보 위클리비즈 팀, 《더 인터뷰》, 21세기북스, 2014

전제조건 3 _ 나를 사랑하기

1) "은행 보일러공, 30년 만에 지점장으로", 〈조선일보〉 2012년 7월 13일자
2) 조선일보 위클리비즈 팀, 《더 인터뷰》, 21세기북스, 2014
3) 쟈넷 로우(Janet Lowe), 《신화가 된 여자 오프라 윈프리》, 신리나 옮김, 청년정신, 2006
4) 찰스 윌런(Charles Wheelan), 《지독하게 리얼하게 10.5》, 이주혜 옮김, 2014
5) 최윤식, 《미래학자의 통찰법》, 김영사, 2014
6) "Animals could help reveal why humans fall forillusions", 로라 켈리(Laura Kelley), 제니퍼 켈리(Jennifer Kelley), 〈컨버세이션(The Conversation)〉 2014년 3월 21일자 칼럼 중에서
7) 장샤오형, 《느리게 더 느리게》, 최인애 옮김, 다연, 2014
8) 조선일보 위클리비즈 팀, 《더 인터뷰》, 21세기북스, 2014
9) 기시미 이치로·고가 후미타케, 《미움 받을 용기》, 전경아 옮김, 김정운 감수, 인플루엔셜, 2015
10) 권정생 글, 정승각 그림, 《강아지똥》, 길벗어린이, 2005
11) 강수진, 《나는 내일을 기다리지 않는다》, 인플루엔셜, 2013
12) 쟈넷 로우(Janet Lowe), 《신화가 된 여자 오프라 윈프리》, 신리나 옮김, 청년정신, 2006
13) 서은국, 《행복의 기원》, 21세기북스, 2014

3장. '나를 향하는 서비스'의 열매, 친절

1) '감정노동자들 정신질환 심각… 손님은 왕? 앙대요~', 중앙일보 2014년 6월 23일자
2) 장샤오형, 《느리게 더 느리게》, 최인애 옮김, 다연, 2014
3) 정재승·정용·김대수 공저, 《1.4킬로그램의 우주, 뇌》, 사이언스북스, 2014
4) 존 고든, 《에너지 버스》, 유영만·이수경 옮김, 쌤앤파커스, 2007
5) 김병완, 《나는 도서관에서 기적을 만났다》에서 재인용, 아템포, 2013
6) 강준만, 《감정독재》, 인물과 사상사, 2013
7) 김현정, 《러닝》, 더숲, 2014
8) 홍성태, 《모든 비즈니스는 브랜딩이다》, 쌤앤파커스, 2012

에필로그

1) 메트 노가드, 《미운 오리새끼의 출근》, 안진환 옮김, 생각의 나무, 2005

감정노동에서 나를 지키는 방법

초판 1쇄 발행 | 2016년 3월 9일
초판 2쇄 발행 | 2018년 10월 31일

지은이	이학은
펴낸이	강효림
편집	곽도경
표지디자인	윤대한
내지디자인	채지연
일러스트	박향미
마케팅	김용우
종이	화인페이퍼
인쇄	한영문화사
펴낸곳	도서출판 전나무숲 檜林
출판등록	1994년 7월 15일·제10-1008호
주소	03961 서울시 마포구 방울내로 75, 2층
전화	02-322-7128
팩스	02-325-0944
홈페이지	www.firforest.co.kr
이메일	forest@firforest.co.kr

ISBN | 978-89-97484-68-3 (13190)

이 책에 실린 글과 사진의 무단 전재와 무단 복제를 금합니다.
※ 잘못된 책은 구입하신 서점에서 바꿔드립니다.

인간의 건강한 삶과 문화를 한권의 책에 담는다

바꾸고, 버리고, 시작하라

네트워크마케팅의 세계 1인자, 음악을 전공하지 않고도 명곡을 작곡해 제7회 세계가요제에서 그랑프리 수상, 쓰는 책마다 베스트셀러에 등극, 수많은 1인 사업자들의 멘토이자 우상 등 화려한 경력을 소유한 나카지마 가오루의 부자 되는 비법. 어제와 다른 오늘을 꿈꾼다면 지금 당장 '부자 되는 37가지 행동법칙'을 실천하라! 분명히 운은 당신 편을 들어줄 것이다.

나카지마 가오루 지음 | 한고운 옮김 | 200쪽 | 11,000원

지갑이 마르지 않는 평생부자

하우스 푸어, 에듀 푸어, 베이비 푸어 등 '푸어(Poor)'로 대변되는 차가운 현실에서 우리는 경제적으로 더 똑똑해져야 한다. 이 책은 평생부자가 되기 위한 금융지능을 키워주는 입문서로서 안정된 노후를 꿈꾸는 사람들에게 평생부자의 길을 알려주고, 자라나는 청소년들과 사회경험이 많지 않은 청년들에게는 실제적인 경제교육이 될 것이다.

윤은모 지음 | 232쪽 | 13,000원

라온 습관경영(31일 습관 정착 트레이닝 카드 수록)

내 안에 숨어있는 '긍정의 힘'을 이끌어내는 31일 습관을 습관화하는 실천 가이드북!! 성공을 거둔 사람은 어떤 점이 다른지를 철저하게 연구, 공통적으로 발견된 '행운의 법칙' 소개한다. '운을 부르는 세 가지 힘'을 기르는 브레인 트레이닝으로 1일부터 31일까지 하루에 한 가지씩 실천할 수 있는 행동법칙 '31가지의 습관'을 제시한다.

니시다 후미오 지음 | 강은미 감수 | 이동희 옮김 | 164쪽 | 12,000원

생활 속 면역 강화법

아보 도오루의 면역학 이론을 쉽게 풀어쓴 책. 어려운 의학 용어와 복잡한 원리를 일러스트로 쉽고 재미있게 설명하면서 생활 속에서 누구나 실천할 수 있는 면역력 강화법을 제시한다. 특히 '면역력을 높이는 10가지 방법'은 아보 도오루가 제창해온 면역학 이론에서 '핵심 중의 핵심'이라는 평가를 받고 있다.

아보 도오루 지음 | 윤혜림 옮김 | 236쪽 | 값 13,000원

효소 식생활로 장이 살아난다 면역력이 높아진다

'체내 효소(인체에서 생성하는 효소)의 양은 정해져 있기 때문에 효소를 얼마나 보존하느냐가 건강을 좌우한다'고 강조하면서 나쁜 먹을거리 식습관, 오염된 환경 때문에 갈수록 줄어드는 체내 효소를 어떻게 하면 온존하고 보충할 수 있는지를 알려준다. 그리고 장 건강을 위해 효소 식생활이 얼마나 중요한지 알기 쉽게 설명한다.

츠루미 다카후미 지음 | 김희철 옮김 | 244쪽 | 값 14,000원

먹기만 해도 만병통치 생강의 힘

현대인은 몸이 차가운 사람이 급증하고 있다. 가장 대표적인 증상이 두통, 어깨결림, 비만, 알레르기, 우울증 등이다. 이러한 증상들은 몸을 덥힘으로써 해소할 수 있는데, 가장 효과적인 것이 바로 생강이다. 이 책에는 생강의 유효 성분과 효능, 생강을 이용한 음식 레시피, 생강 덕분에 건강을 회복한 사람들의 체험담이 가득 실려 있다.

이시하라 유미 지음 | 성백희 옮김 | 192쪽 | 값 12,000원

전나무숲 건강편지를
매일 아침, e-mail로 만나세요!

전나무숲 건강편지는 매일 아침 유익한 건강 정보를 담아 회원들의 이메일로 배달됩니다. 매일 아침 30초 투자로 하루의 건강 비타민을 톡톡히 챙기세요. 도서출판 전나무숲의 네이버 블로그에는 전나무숲 건강편지 전편이 차곡차곡 정리되어 있어 언제든 필요한 내용을 찾아볼 수 있습니다.

http://blog.naver.com/firforest

 '전나무숲 건강편지'를 메일로 받는 방법 forest@firforest.co.kr로 이름과 이메일 주소를 보내주세요. 다음 날부터 매일 아침 건강편지가 배달됩니다.

유익한 건강 정보,
이젠 쉽고 재미있게 읽으세요!

도서출판 전나무숲의 티스토리에서는 스토리텔링 방식으로 건강 정보를 제공합니다. 누구나 쉽고 재미있게 읽을 수 있도록 구성해, 읽다 보면 자연스럽게 소중한 건강 정보를 얻을 수 있습니다.

http://firforest.tistory.com

 스마트폰으로 전나무숲을 만나는 방법

네이버 블로그

다음 블로그

전나무숲
www.firforest.co.kr